JN316362

神の国の奥義 下

説教 マタイによる福音書15章〜28章

潮 Ushio Yoshio 義男［著］

YOBEL,Inc.

装丁：ロゴスデザイン・長尾 優

まえがき

前任教会である西那須野教会より招聘を受けて、２００３年4月より２００９年3月までの6年間在任しました。西那須野教会での伝道・牧会の働きは、教会員の皆さんのお祈りと支えにあって、楽しく、充実したものでした。また、教会の周辺環境は、栃木県北部の自然豊かな地で、散策、ドライブなどで心和み、時に癒されたものでした。西那須野教会は、アジア学院がすぐ近くにあり、アフリカ・アジアの留学生が礼拝に集い、小生も同学院で評議員のメンバーでもあったゆえ、教会あげての交流が盛んであり、深められたものでした。

この説教集は、西那須野教会での公同礼拝の説教をまとめたものです。２００３年10月より２００７年4月の毎聖日礼拝の説教です。アジア学院は諸外国からの研修生（participants）のため、公用語は、英語です。ここの一角は、英語が飛び交う地域でもあります。そのため、アジア学院の研修生のために同時通訳で礼拝説教を分かち合っています。

同時通訳者（常時5、6名交替で通訳奉仕する）のために、説教の完全原稿を土曜日の午前中には、メールで送付する必要がありました。日本人の教会員だけでなく、アジア学院の研修生の皆さんのことを考え、説教の準備をしました。

そのため、この説教集は、西那須野教会の教会員とアジア学院の研修生の祈りの合作と言ってもよいかと思います。個人的な感慨で恐縮ですが、この訓練は素晴らしい経験となり、説教集は、小生にとって宝のようなものであります。

説教集刊行にあたって、多くの人たちの祈りと支えを覚えます。とくに、母、姉を記念し（召天）、母教会（京都復興教会）の山根先生、姉や兄たちの支援に感謝を表したいと思います。

２０１３年12月９日

潮　義男

＊上巻の「まえがき」を再掲させていただきました。（編集部）

神の国の奥義　下　説教 マタイによる福音書（15章～28章）

目次

神の国の奥義　下　説教 マタイによる福音書（15章〜28章）

人を生かす教え（マタイによる福音書15章1～20節）

わたしたちは愛なる神から招かれてこの礼拝に出席しています。わたしたちは自らの罪によって失われていた者、神に敵対し、神との交わりが断絶していた者でした。その危機を主イエスの十字架の恵みによって、神は回復の道を与えられたのです。そこで主イエスを信じる信仰によって、神はわたしたちを義とされました。

こうしてわたしたちは、教会に連なり、教会の交わりを主なる神との交わりのうちにあって、神の恵みを享受するのです。しかし、現実にわたしたちは主なる神との絶えざる交わりがなされているでしょうか。そのことを本日の聖書を通して考えましょう。

1　口先だけの信仰、うわべを取り繕う信仰態度

本日の聖書、昔の人の言い伝えに対する主イエスの挑戦です。1節

そのころ、ファリサイ派の人々と律法学者たちが、エルサレムからイエスのもとへ来て言った。「なぜ、あなたの弟子たちは、昔の人の言い伝えを破るのですか。彼らは食事の前に手を洗いません。」

そこで、イエスはお答えになった。「なぜ、あなたたちも自分の言い伝えのために、神の掟を破っているのか。神は、『父と母を敬え』と言い、『父または母をののしる者は死刑に処せられるべきである』とも言っておられる。それなのに、あなたたちは言っている。『父または母に向かって、「あなたに差し上げるべきものは、神への供え物にする」と言う者は、父を敬わなくてもよい』と。こうして、あなたたちは、自分の言い伝えのために神の言葉を無にしている。

当時のユダヤには、昔からの言い伝え、慣習、伝統がありました。律法とは別にあり、それをきちんと守っていくのが信仰的な生き方だと見做されていたのです。食前に手を洗う。これは、衛生的な観点というよりも、宗教的・儀式的な習慣でした。ですから食前に手を洗わないと、穢れていると見做されるのです。「食前に手を洗わない」ということで、弟子を攻撃し、ついては師である主イエスを揶揄《やゆ》する意図をもったファリサイ派の言葉です。

よく習慣で食後に歯を磨きますね。磨かないと気持ちが悪い。子供は寝る前に、親は歯を磨いて寝るように言います。でも子供は歯を磨くのが、面倒です。厳しく注意しても、歯を磨かないで寝てしまいます。その結果、虫歯になります。歯を磨かないと虫歯になります。歯槽膿漏が進みますが、それで罪を冒すわけでも、死ぬわけでもありません。大切な生活習慣ですが、それを他人が犯罪を冒したかのように、ことさら取り上げることではないのです。その人の問題です。

主イエスは、伝統を軽んじているわけではありません。しかし、伝統よりも聖書の言葉が中心であり、そちらが優先されるべきであると言われます。十戒の「父と母を敬いなさい」が伝統により軽んじられ、それが実行されていないではない。そう言われるのです。

このことから、主イエスは言われます。大切なことは、人が生かされることだと。形式的、しかも形骸化して、命も喜びも意義もなくなったことに縛られることを主イエスは我慢できないのです。口先だけの信仰、うわべを取り繕うファリサイ人の信仰の態度を暴かれるのです。固まった儀式や慣習、伝統と言われることが人を疎かにし、ないがしろにしていることに憤りを覚えられるのです。容赦なく、叱咤されます。人が生かされ、喜びと祝福の信仰と人生を歩むこと。それを優先されます。

8節以下はイザヤ書29章3節からの引用です。

「この民は口先ではわたしを敬うが、その心はわたしから遠く離れている。人間の戒めを教えとして教え、むなしくわたしをあがめている。」


これは誰もが陥りやすい信仰の態度です。口では愛、信仰を言っても、心は冷たく、暗い。

Ⅱコリント3章6節に――

「神はわたしたちに、新しい契約に仕える資格、文字ではなく霊に仕える資格を与えてくださいました。文字は殺しますが、霊は生かします。」

とあります。文字は本来、人を生かすために制定されたものですが、いつしか本来の精神が消えてしまい、それを守ることにエネルギーと信仰を注ぐことになります。霊は、神の愛であり、人にいのちを与える恵みです。

2　信仰の態度、三つの段階

誰でもファリサイ的、形式的な信仰になりがちです。その信仰態度は、誰もが一度は経験し、通過する信仰態度だとわたしは思うのです。以下に信仰の三つの段階を考えてみましょう。

①頭で信じる信仰
教会に始めて来た人、日本人はほとんど始めてです。教会、礼拝に来続けます。分かっても、分からなくても、とにかく礼拝に出席し続けること。大体、牧師はそう言います。聖書の話し、牧師の話は難しくてよく分からない。しかし、礼拝の雰囲気が気に入った。讃美が好きで、気持ちが和らぐ。キリスト教を信じている人がこんなに多く

いるのが不思議だけれども、励まされる。そういう思いで、教会に出席するようになります。

教会に来るきっかけ、動機ですね、それは人によってさまざまだと思います。悩み、孤独の解決、病気、人生の問題、人間関係の軋轢や葛藤などですね。それを神の言葉である聖書を通して、解決の道、光を見出すのが信仰です。大体、3か月から半年ほど教会に来ていると、分かり始めるというか、教会に慣れてきます。そして牧師に聖書の勉強会があるので、出てみませんかと声を掛けられる。もしくは、洗礼を受ける準備をしませんか。そう言われて、考えてみる。洗礼とは、クリスチャンになることです。

わたしのようなものが大丈夫なのだろうか？　僕のような者が洗礼を受けてクリスチャンになるなんていいのだろうか？　そんな気持ちを多くの方が持ちます。

そこで、決断をして洗礼を受けます。信仰生涯の第一歩ですね。まだ、何が何だか分からないけれども、幼子のような気持ちで神様を信じること。そこから始める。誰でもがここから始まる信仰だと思います。多くの人はここからスタートしますね。


ある女性はミッション系大学の学生で、宿題のレポートのために教会の礼拝に出席しました。生まれて初めて教会に入りました。緊張しましたが、目には見えないけれども、何か暖かい空気というか霊的な存在を身近に感じて、とってもリラックスしました。牧師にお願いして次の礼拝には受洗しました。40年以上も前の実例です。その女性は、クリスチャン家庭を形成し、今も熱心に教会の奉仕を務め、家族揃って礼拝に出席しています。

②震われる信仰
震われる信仰とは何か？　信仰を素直に成長させる人もいます。同時に信仰の障害、妨害が襲うこともあります。試練、苦難、誘惑、病、人間関係などですね。

神様を信じて、はじめは喜びます。一生懸命教会に来ます。礼拝に出席することが喜び、生きがいに感じます。奉仕も一生懸命にします。教会員、とくに牧師から喜ばれますね。信仰熱心だと評価される。それを喜びとし、張り合いとする。

必ずしも、信仰生涯はバラ色とはいえない。教会に行くこと、奉仕をすることが疲れてくる。信仰前の世界に惹かれることがある。家族も「日曜日くらいは、家で一緒にいたら」と不平・不満を漏らすようになります。日曜日は教会に行こう。礼拝を守る。そう決心してクリスチャンになった。でも、何かのはずみで礼拝を欠席した。職場を休むような後ろめたい気持ちになったが、意外にほっとしてくる。リラックスというか、教会に行かないのは楽だな。そう思うようになる。以来、教会には欠席するか、時々になる。そうして、教会に足が遠のく人もいます。

別の人は律法的な信仰であることもあります。規則をきちんと守る。礼拝遵守。献金もきちんと捧げる。奉仕も積極的に行う。教会のみんなから、「しっかりした信仰の持ち主だ」と評価されている。役員にも選ばれる。いろいろ相談されることがある。しかし、その内面は必ずしも平安とは限らない。

恵まれた信仰、喜んで教会に来ている人を見ると、嫉妬を感じることがある。自分の信仰には、喜び、感謝がない。堅苦しく、ギクシャクしている。

そういうこともあるものです。律法的な信仰です。これは悪いと言っているのではありません。信仰の段階としてあるのです。実は、わたしがそうでした。だから分かるのです。

ジョン・ウェスレー（John Wesley, 1703～1791）。メソジスト教会の創始者です。彼も律法的な信仰者でした。牧師です。でも、平安も喜びもなく、与えられた務めとしての牧師の仕事をこなしていました。

誰でも、信仰者はそういう契機があるのです。がっかりしなくてもよいのです。

③頭で信じ、心で受け入れる信仰

それは苦難や試練を受け入れる信仰だと思います。震われながらも震われることを受け入れる信仰、試練、苦難、病、人間関係の破れ、葛藤などがあっても、そこに立ちつつ、それを恵みとして受けとめ、受け入れる信仰といってもいいでしょう。ここまで来ると、いろいろなことがあっても、簡単に躓かない。ある程度の揺るぎない信仰生涯を送っているといっても言いと思います。信仰は成長しますし、成熟する。他の教会員、求道者、信仰のない人へのよい影響力を持つ。

自由、大胆、信頼されること、突き抜けた信仰と言ってもよいでしょう。

それが自分を生かし、人をも生かす教えです。信仰の自由。平安、祝福、喜び、神が与えられる一切のよいこと。祝福とは、ドイツ語では「よいこと」という意味だそうです。

では、第三段階の信仰に至るには、どうしたらよいのか？　メソジスト教会は、創始者のウェスレーです。それを聖化と言っています。神の霊である聖霊の満たしによってです。それは、自分の力ではありません。自分の信仰、自分の経験、自分の思いではないのです。神の愛にゆだねること、神のみこころに従う信仰、神の促しに進むことです。

そこに自由、平和、愛、喜び、感謝、輝き、親切、すべて神からくる祝福が備えられているのです。こうして癒され、交わりを回復し、心のもっとも深いところ、霊の衷心において満たされるのです。

「わたしが与える水はその人の内で泉となり、永遠の命に至る水が湧き出る」（ヨハネ４・14）のです。

それを追い求めましょう。

粘り腰の信仰（マタイによる福音書15章21節～28節）

信仰生活の基本は祈りですよ。そう言われますし、分かっているのですが、わたしたちは祈ることが苦手なところがあります。人前でも、神の前でもこころを注いで祈ることが少ないのではないでしょうか？　祈祷会の人数は少ないですし、活発な祈りは少ないのが実情です。

韓国から牧師一行が二週間前に来られましたが、韓国の人たちの祈りは力強いですね。毎朝、四時から祈祷のために教会に行く。ここから一日が始まる。それも、少しではない。たくさんの群れです。教会で祈り、そこから会社や大学に行くというのですね。

彼我《ひが》の差、日本と韓国の国民性の違いと言えば、それまでですが、祈りと信仰について教えられます。

1　祈り

祈りについて申し上げれば、祈りは神に聞かれています。神に届いているのです。しかし、すぐに祈りが叶うといいますか、実現することとは違います。祈っても聞かれない。むしろ、無視された、拒否された、拒絶されたかのように思い、失望し、悲しくなることもあります。そういうこともあろうかと思います。しかし、諦めないで、祈り続けることが大切です。

本日の聖書では、失望せず、諦めずに信仰をもって祈り、神に願い続けなさい。その実例であるように思います。21節からお読みしましょう。

イエスはそこをたち、ティルスとシドンの地方に行かれた。するとこの地に生まれたカナンの女が出て来て、「主よ、ダビデの子よ、わたしを憐れんでください。娘が悪霊にひどく苦しめられています」と叫んだ。

とあります。この「ティルスとシドンの地方」というと、聖書の後ろにある地図を見ますと、地中海に面しているところです。

以前にも申し上げましたが、聖書で「海」というと、イスラエルにとって、未知の世界、異邦人、野蛮人の住むいわば敵対する人々が住むところです。しかも、主イエスはこの一回だけユダヤとガリラヤ以外の地に行かれたとされています。これが福音書の証言です。

主イエスはいわば、外国旅行に行かれたということです。それは物見遊山ではありません。一人祈るために行かれたかもしれません。あるいは14章34節以下にありますように、行く先々で救いといやしをもたらすために人々を廻られたのかもしれません。ですから、このティルスとシドンに行かれたのも、神のご計画のうちにあったものと思います。

行く先々で、主イエスの救いといやしを求める人がおり、そこで主イエスとの出会いがあるのです。わたしたちも、主イエスとの絶えざる出会いがあることを知りましょう。

しかし、問題もあります。本日の聖書の記事で理解に苦しむことがあります。それについて、見てみましょう。第一は、主イエスの無関心、あるいは拒絶です。

23～25節――

しかし、イエスは何もお答えにならなかった。そこで、弟子たちが近寄って来て願った。「この女を追い払ってください。叫びながらついて来ますので。」

イエスは、「わたしは、イスラエルの家の失われた羊のところにしか遣わされていない」とお答えになった。しかし、女は来て、イエスの前にひれ伏し、「主よ、どうかお助けください」と言った。

まったく、主イエスの対応は話しにならないという感じです。冷たいというか、無視もいいところですね。わたしたちは、主イエスは愛の人であり、求められれば、拒否される方ではないことを知っています。しかし、この聖書の記事は人を突き放していく。そのような態度ですね。しかも、寄りすがるカナンの女に対して、24節にあるように、

「子供たちのパンを取って小犬にやってはいけない」とお答えになるくらいに、人を馬鹿にしているような態度です。

人を犬扱いなのです。このところは、野良犬とかでなく、家庭で飼われているペットのような犬だと言われていますが、それでも、犬並みに扱われていることは否定できません。

この所をどのように考えればよいのでしょうか？

大切なことは、女が「それならもういいです。あなたにはもう頼みません。別の方、別の神様にお願いします」。そう言わなかったことです。

わたしたちなら、多分そうイエス様に言い放って、おさらばすることでしょう。

「こんな神、もう信じない。断じて信じることをやめる」

悪態の一つや二つ言い放って罵倒するでしょう。

しかし、そうではなかった。むしろ、ユーモアでもって返すのです。

女は言った。「主よ、ごもっともです。しかし、小犬も主人の食卓から落ちるパン屑はいただくのです。」

そこで、イエスはお答えになった。「婦人よ、あなたの信仰は立派だ。あなたの願いどおりになるように。」そのとき、娘の病気はいやされた。

娘の病気で助けを必死に求めているとき、咄嗟にこのような祈りと願いが出てくる。それが信仰でしょうね。粘り腰といいますか、求め続け、諦めない。

そこに、神への信仰と信頼感があると思います。

2　異邦人

マルコによる福音書7章25節をみますと、マタイではカナンの女となっていますが、マルコでは「ギリシャ人でシリア・フェニキアの生まれである」と記されています。

どちらにしても、異邦人です。主イエスは身内であるユダヤ人だけの面倒を見られ、ほかの民族、外国人に対して癒されることがなかったのでしょうか？

マタイによる福音書では8章5節以下にある百人隊長のしもべを癒されます。異邦人であるローマの兵士のしもべです。

元々福音、すなわちキリスト教は、律法と同じようにユダヤ人だけの教えであったが、このところから異邦人への伝道のはじめであった。そのように言う聖書学者が多くいます。

異邦人ということでいいますと、ヨハネによる福音書4章の有名なサマリアの女との出会いが想い出されます。そこで主イエスは、ご自身が生ける水であることを啓示されます。

大切なことは、主イエスは信じるものにとって生ける命の水であり、癒し主、助け主であります。

今日は、敬老の日の記念礼拝です。Hさんのことを紹介します。

岩手におりましたころ、80歳になる老夫婦が教会に来られるようになりました。孫、ひ孫もおり、一緒に生活されています。公務員を退職され、悠々自適の老後、余生を送られていました。息子さんの家族と一緒に生活されているのですが、好々爺《こうこうや》として家族の皆から愛されているのです。

悩みも苦労もありません。どこと言って病気もありません。

子供のころ、教会学校に行っていたというのです。幼いころに知ったイエス・キリストの教えをこの歳になって思い出されて、今一度詳しく知りたい。そのように仰って、教会に来られたのです。そして熱心に礼拝に出席され、クリスマスに老夫婦が一緒に洗礼を受けました。奥さんは一緒に来られ、「わたしはさっぱり分かりません。」そう言われていましたが、品のいいおばあちゃんで、ご主人に従われていつも一緒でした。

「これで安心した。魂が救われた。もう、いつ死んでもいい」

そう言って、にっこり笑って喜ばれました。

余生を神を知ることに生きる。永遠を考える。大切なことです。その人生はいろいろあったことでしょう。戦争を体験し、人には言えない辛酸を舐めてこられたことでしょう。しかし、神がすべてをご存知であり、この方に老後の人生すべてお任せする。そのような信仰ですね。

神は永遠を思う心を人に与えられたのです。（コヘレトの言葉3章11節）

ですから、永遠の神に立ち返るまで、人は平安を見出すことはできません。神を信じてはじめて、人はその人生に平安と感謝を見出すのです。そして肯定、しかり、わたしの人生はすべてよし、そのように人生を感謝できるのです。

わたしたちは決して諦めることはない。人生で大切なことは、初志を貫徹すること。はじめの情熱、信仰、こころを持ち続け、希望を持ち、前向きに歩くことです。

神は答えてくださる。それを信じて今週も進みましょう。

反復

（マタイによる福音書15章29～39節）

アジア学院では、英語が公用語です。英語が学院内で日常的に話されています。アジア学院で学ばれている研修生の皆さんは、英語が母国語ではないにもかかわらず、皆さん英語が堪能ですね。職員もスタッフも英語が堪能です。西那須野教会の礼拝でも、英語が同時通訳として用いられています。

英語は、わたしたち日本人にとって外国語であり、子供のときから受験や学校の授業で必須のものであります。同時に、頭を悩ますものでもあります。

どうしたら、英語が上達できるか。これは、日本人すべての共通の課題でもあります。

ところで、英語だけに限らず、物事に上達するには反復練習が必要だと言われます。本日は説教題が「反復」なので、この反復にちなんだお話しをしたいと思っています。

「反復」という言葉の意味は、繰り返しということです。何度も繰り返すという意味です。英語ですと、repetition、反復するでは、repeat です。何度も繰り返して、練習する。暗記するほど繰り返す。これが上達の条件であるとは分かっていても、反復練習は苦しい作業でもあります。辛い鍛錬です。

これは学校の勉強でもスポーツでも同じです。ピアノやヴァイオリンのような楽器や茶道や華道のような習い事においても同じです。

ある本を読みますと、反復は左脳の機能だというのがありました。基本的な動作ですね。これは頭で覚えるものです。パソコンの操作を習熟するのもそうです。左脳で考えて、手順を覚えるのです。これをマスターするとですね。ある変化が起きるのです。それは左脳から右脳へと移るのです。今まで、暗記して反復していたものが、ある時を境に、その瞬間ですね。考えなくても、体がついていく。自然に、意識しなくても、身体が動いていく。そういう時が来るのですね。

運動神経という言葉がありますが、咄嗟に、瞬間に判断して、身体が自動的に動いていく。車を運転していて、子供が急に道路に飛び出してきた。「危ない！」普通なら轢いてしまうかもしれない。でも、咄嗟に急ブレーキを踏んで、間一髪事故を防げた。車の運転手は、いつもアクセルとブレーキを交互に踏んで、つまり何万回と反復を繰り返しているので、咄嗟の判断に長けているのです。

本日の説教は、「反復」と題しました。二つにしぼってメッセージといたします。

1　神は愛と恵みを反復して与えられている

本日の聖書は、パンの奇跡の記事です。14章13節以下と基本的に同じです。14章は、二匹の魚と五つのパンで、男だけで五千人の人々のお腹をいっぱいにすることが記されています。残ったパンくずを集めると十二のかごにいっぱいになったとあります。

本日のテキスト15章では、数字が異なっています。四千人の人々ですし、パンが七つで小さい魚が少しです。残ったパンくずを集めると七つの籠にいっぱいになったのです。

どう違うのか？　どんな意味があるのか？

このところを共に学びたいと思っています。

反復とは、繰り返し行うことです。先ほど、申し上げました。パンの奇跡は、聖書は2回行われました。そして、主のいやし、病人をいやし、元気付け、死人をよみがえらせる奇跡も反復です。これらは何度も繰り返し、行われました。

パンの奇跡の出来事は、反復なのです。第一に、聖餐式において、反復です。２０００年の間、聖餐が行われ、主イエスのからだであるパンと流された血潮である杯が信徒の一人ひとりを養い、生かしました。この生けるパンなしには、育たないといっても過言でないでしょう。

教会は、この主のパンの奇跡を覚え、毎月あるいは毎週、主イエスをいただくのです。

これは、反復です。

神がわたしたちに提供されている反復の恵みと言ってもいいでしょう。

2　神の愛と恵みの反復した享受

これはわたしたち人間の応答です。わたしたちは、反復して神の愛と恵みを享受することが許されています。

個人的なことで恐縮ですが、わたしの娘は子供のころ、二歳から五歳ころにかけて、ディズニーのアニメを何度も何度も見ていました。何十回、何百回と繰り返して見たでしょう。高校生になった今でも、さすがにディズニーのアニメは見なくても、ビデオに録画した好きなテレビドラマを何度も何度も繰り返して見ています。

そう言えば、先週はプロ野球で阪神タイガースがリーグ優勝しました。西那須野教会の阪神ファンは大喜びでしょう。優勝シーン、花吹雪が舞い、大歓声で喜びを表している。そのシーンを何度も何度も見ても、飽きないでしょうね。見るたびに、感動がこみ上げてくる。喜び、感動とはそういうものでしょう。これが今年だけでなく、来年も再来年もと願うことでしょう。ファンとはそのようなものでしょう。

これは何かというと、感動ですね。心動かすもの、心動かされていくもの、涙を流して喜ぶ。そのような感動を覚えることでもあります。

わたしたちの日常で感動を反復させたい、繰り返し繰り返し同じことを見ても、同じことをしても、同じものに接しても感動して飽きがこない。そういうものがあると思います。上質の映画、小説、絵画、ご馳走。

享受するという言葉があります。辞書には、「あるものを受け、自分のものとすること。また、自分のものとして楽しむこと。精神的な面でも物質的な面でもいう」

「生を――する」「自然の恵みを――する」。そのような用法があります。

英語では、enjoy ですね。

意味は同じで、楽しむ、亨楽する、(利益特権などを) 受ける、亨受する、です。

精神的な喜び、満ち足りた喜び、満足、幸福と言ってもよいでしょう。

神の愛と恵みとは、そのような感動です。心が動かされ、心が震え、聖霊に感動する。それは、継続して求めていくこと、いつもいつも求め続けること。寝ても覚めても、神を覚え、祈り、賛美する。そういう時ってありますよね。

恋愛、寝ても覚めても、24時間その人のことが忘れられない。その面影、表情、話す言葉の一つ一つを自分の心の中で味わう。感動です。

神を求めることにおいて、感動する。熱中する。聖霊に満たされること。それを反復している時に、ある瞬間が来るのです。霊に満たされること。それは感情において、高揚することがないかもしれない。爆発する感情の高揚、高まりですね、その面がある人もいますし、ない人もいます。

しかし、身体が反応するのです。大脳生理学的には、左脳から右脳に移る。考えなくても、意識しなくても、神様の愛と恵み、聖霊の満たしを実感する。運動神経において見られるように、神の愛に反応するのです。

阪神ファンが優勝で大爆発するくらいに喜ぶ。神を信じ、神の恵みに満たされることは、それ以上の大爆発、歓喜、興奮することではないかと思います。

聖書は、パンの奇跡を通して、神の恵みと愛は反復して与えられている。そうわたしたちに語りかけるのです。神は与えつくそうとされます。御子イエス・キリストをわたしたちに与えるほどに愛を注いでくださっておられるのです。

その愛を感謝し、喜び、享受し、楽しみましょう。そして、わたしたちは生かされるのです。育てられるのです。そこにわたしたちの信仰の成長と成熟があります。その成長は、自分自身のためではなく、隣人のため、世のためでもあります。地の塩、世の光としての役割が全うされるためなのです。

まことのパン（マタイによる福音書16章1～12節）

上質の推理小説を読むと、興奮して一気に読んでしまいます。犯人は誰か？　この人が犯人だと確信していても、最後はどんでん返しで意外な人が真犯人だったりします。読者はまんまと騙されるわけです。

推理小説は、作家と読者の駆け引きと言われます。いかに読者の関心を引き寄せるか、謎解きを作家と読者が一緒に考えます。もっとも、作家はいろんな推理の材料を予め提供しています。しかし、一番重要な事柄がさりげなく、それが重要なものと思わせないように描かれて読者の探究心をうまくそらすのです。また、謎解きの達人である探偵と自己同一化して、探偵と一緒に推理を楽しんだりします。

ドイル（サー・アーサー・イグナチウス・コナン・ドイル Sir Arthur Ignatius Conan Doyle, 1859～1930）のシャーロック・ホームズ、アガサ・クリスティー（アガサ・メアリ・クラリッサ・クリスティ Dame Agatha Mary Clarissa Christie, 1890～1976）の探偵ポワロ、マーブル、日本では、明智小五郎（江戸川乱歩の小説に登場する架空の私立探偵）、金田一耕助（横溝正史の推理小説に登場する架空の私立探偵）などがいますね。

さて、聖書、とくに福音書を読むときに、推理小説のように楽しんで読むといったら、不謹慎だとお叱りをもらったり、たしなめられたりするかもしれません。しかし、推理小説だけでなく、一般の小説、哲学、絵画、彫刻と言った文芸、芸術だけでなく、経済学や法律関係の書物、科学の本にいたるすべての書物では、そこに書かれた目的や意図があります。何のために書かれたか、作者の意図ですね。書かれた目的というものがあるのです。

わたしたちが読む聖書、この創世記からヨハネの黙示録にいたるすべてに、作者のメッセージがあります。作者の綿密な構想と意図があり、読者の心を捕らえ、魅了し、読者をある方向に導こうとする意思があるのです。どこに導こうとするのか。読者に、イエス・キリストへの関心を植え付け、イエス・キリストを信じるように導きます。そして、その最終的な目的は永遠のいのち、神の国という祝福なのです。

聖書は、神の作品であります。神の意思とメッセージがちりばめられた言葉の束でもあります。愛の手紙と言う人もいますね。神が人間に書いたラブレターであると。

聖書のすべてに書かれた目的と意図があるように、マタイによる福音書も書かれた目的と意図があります。それは、イエスという方がどういう人であるのかという一点にすべての情熱と知恵を注いで書かれたということです。

推理小説のことを申しましたが、作家が一番言いたいことはどこにあるのか？　それを福音書に適用すると、それは16章にあるといっても過言ではありません。次週の説教題は「クライマックス」としました。まさに16章はマタイによる福音書のクライマックスとして福音書の作家マタイ（その背後に聖霊なる神がおられるということがわたしたちの信仰ですが）が一番強調したい事柄なのです。すなわち、主イエスこそが救い主、神であるという信仰告白です。ペトロがすべての弟子、すべての人間を代表して、主イエスを信じる告白をするに至ります。信仰告白に導く。これが作者の意図、目的なのです。

1章のはじめから、マタイはそのことを意識して主イエスの言葉、なされたことを記してきました。すべてがこの告白に導くために意図されて記されたことなのです。ですから、上質の推理小説を読むようなものだと言う所以です。もちろん、聖書に勝るいかなる書物もありません。

クライマックスといいましたが、実は福音書にはクライマックスは二つあるのです。大きな山です。一つは、16章の信仰告白、二つ目は主イエス・キリストの十字架と復活です。この二つの山、二つのクライマックスを、マタイをはじめとする福音書記者は、劇的にあるいは淡々と記述するのです。

本日は、最初の山にいたる段落として重要なテキストです。

これまで福音書は主イエスの行われたこと、語られたことを記してきました。パンの奇跡は2度ありますが、ここから急転して信仰告白にいたります。

そこに主イエスの決断があるように思います。それは同時に、福音書の決断でもあります。

1. ヨナのしるし

それは、2度目の給食すなわち、四千人にパンの奇跡を行われた直後のことであります。16章1節以下にファリサイ派とサドカイ派の人々が来て、イエスを試そうとするのです。

何を試そうとしたのか？　天からのしるしです。

「しるし」は、旧約聖書でモーセや預言者エリヤが行った奇跡です。神がその人を遣わしたという確固としたしるしです。すでに、主イエスはしるしを反復して行われました。しかし、エルサレムからやって来たファリサイ派とサドカイ派の人々は、「その奇跡をもう一度行って、見せてみなさい」と言うのです。まさに試すのですね。

これは、主イエスが荒れ野でサタンの誘惑を受けられたと同じ誘惑です。ファリサイ派とサドカイ派の人々はサタンの役割を演じるのです。

それに対して、主イエスは明らかに拒否されます。信仰のないところでしるしは、行われないのです。見世物ではありません。主イエスの答えは、4節――

「よこしまで神に背いた時代の者たちはしるしを欲しがるが、ヨナのしるしのほかには、しるしは与えられない。」ヨナのしるしとは、ヨナが三日の間、魚の腹の中にいたことを指しています。十字架の死と復活を暗示しています。そこから、主イエスの決意が窺われます。

主イエスが十字架で掛けられたとき、十字架から降りて見せろ、そうすれば、お前を信じてやろう。その言葉と同じです。主イエスは見世物としての奇跡を拒絶されるのです。

2. パン種

5節以下の福音書とマルコ8章14節以下を読み比べると、興味深い違いが理解されます。今日は、そのことには触れませんが、その違いを超えて、核心となり、本質的なことが語られます。それは、「ファリサイ派とサドカイ派の人々のパン種に注意しなさい」という言葉です。

パンを持ってくるのを忘れた弟子たちに対して、主イエスは2度行われたパンの奇跡に対して、その意味付けをなされます。これが次の信仰告白へと続くのです。

パン種について、聖書は二通りの解釈を行っています。マタイ13章33節以下では、神の国のたとえとして、全体が膨れるように、福音が前進し進展していくことです。三十倍、六十倍、百倍の実を結ぶものとしての膨張・広がりを意味します。

もう一つは、腐敗するもの、悪の影響力を持つものとしてのたとえです。Ｉコリント5章6～8節にあるとおりです。

「わずかなパン種が練り粉全体を膨らませることを、知らないのですか。いつも新しい練り粉のままでいられるように、古いパン種をきれいに取り除きなさい。現に、あなたがたはパン種の入っていない者なのです。キリストが、わたしたちの過越の小羊として屠られたからです。だから、古いパン種や悪意と邪悪のパン種を用いないで、パン種の入っていない、純粋で真実のパンで過越祭を祝おうではありませんか。」

主イエスが「ファリサイ派とサドカイ派のパン種に注意しなさい」と言われたのは、まさにそのような意味であります。

3　まことのパン

16章13節以下の劇的な信仰告白に至る前に、主イエスはご自身を現されます。福音書は、それを証言するのです。主イエスこそ、モーセの時に荒れ野でイスラエルの民を満たした〈いのちのパン〉であり、ファリサイ派やサドカイ派の教えではない、真の教え、福音そのものであると。

そのことを弟子たちが悟ったがゆえに、13節以下の信仰告白に至るのです。

そして、ここから新しい局面が起こり、展開いたします。

まさに、「次週に続く」であります。テレビの連続ドラマではありませんが、「次回をお楽しみに」なのです。

わたしたちにとって、主イエスはどんな方でしょうか？　天からのしるしに対する答えは、13節以下に鍵があるのです。

クライマックス（マタイによる福音書16章13～20節）

もう過去のことになりましたが、作家の大江健三郎氏がノーベル賞を受賞した時の言葉がとても印象的に残っています。それは、「これからの文学のテーマは、いやしと和解である」。そのように彼は言いました。いやしと和解は宗教、とくにキリスト教の専売特許のようなものですが、文学のキリスト教の歩み寄りかなと思わされました。しかし、欧米の文学は昔から、いやしと和解というテーマで書かれた多くの作品があります。

大江健三郎氏を代表とする日本文学のキリスト教へのアプローチだと思います。

ところで昨年ですが、２００４年度の学校音楽コンクールの課題曲に『新しい人に』という歌がありました。高校の合唱の部の課題曲です。作詞・大江健三郎氏、作曲・信長貴富氏でした。こういう歌詞です。

1．わたしは好きだった。信じることのできる自分が。
その未来を信じると、わたしが言う時、
星ほど数の子どもたちが、信じる、と言っているのを感じた。

2．ある日、信じると言えなくなった。
わたしが生まれる40年前の夏、一瞬の光が、子どもたちをガスにしてしまったと知って。
それから信じると言おうとすると、ガスになった子どもたちが、
こちらを向く。ガスになった目で、わたしを見ている。

3．今、わたしは古い古い手紙を教えられた。
争う者らを和解させる。「新しい人」が来た、という手紙。

わたしは胸の中でたずねる。

もう一度、「新しい人」は来るだろうか？

世界中の子どもたちが、それぞれの言葉で答える。

——きっと来てくれる、心から信じるなら。

「新しい人」に、わたしは祈っている。

来てください、あなたと働きたい私らの、いま、ここへ——


ここでは、「信じる」ことの美しさが歌われています。おそらく、現代では友情や信頼という言葉が消えかかっている。そのような社会風潮の中で、もう一度「信じる」ことの美しさと尊さを歌い上げていると思います。この『新しい人に』という歌詞を全国の高校生が涙を流して歌いました。おそらく何十回、何百回と練習し、歌ったことでしょう。信じることの意味、喜び、いのちを感じてくれたことと思います。

それでも、あえて批判することが許されれば、この歌詞は人間的です。ヒューマニスティック——人間主義ということでしょう。

でも、何とキリスト教の信仰と似ていることかと思わされます。信じることは生きるみなもと。その通りなんで

す。でも、何を信じるというのでしょうか？

涙を流す自分を信じる、あなたを信じる、というのです。

この信じる信じ方は、キリスト教の信仰とは違うことは、明らかです。

本日の聖書、マタイによる福音書16章13節以下は、キリスト教とは何か？　そして、わたしたちが信じるのは何か？　つまり、何を信じるかが問われているところでもあります。

主イエスは弟子たちに訊ねられます。13節以下を読みましょう。


イエスは、フィリポ・カイサリア地方に行ったとき、弟子たちに、「人々は、人の子のことを何者だと言っているか」とお尋ねになった。弟子たちは言った。『洗礼者ヨハネだ』と言う人も、『エリヤだ』と言う人もいます。ほかに、『エレミヤだ』とか、『預言者の一人だ』と言う人もいます。」イエスが言われた。「それでは、あなたがたはわたしを何者だと言うのか。」シモン・ペトロが、「あなたはメシア、生ける神の子です」と答えた。すると、イエスはお答えになった。「シモン・バルヨナ、あなたは幸いだ。あなたにこのことを現したのは、人間ではなく、わたしの天の父なのだ。


先週は、今日のところをクライマックスだと申しました。福音書におけるクライマックスは二箇所あり、13節以下のペトロによる信仰告白と、27章以下の十字架・復活という二つの頂点があると。

今まで主イエスは、病人をいやし、悪霊を追い出し、死人をよみがえらせられました。そのほか数々の奇跡と言葉によって、主イエスがただならぬお方であることを示されたのです。この方はどなただろう。それが疑問でありました。

パンの奇跡の後で、主イエスは弟子たちにご自身のことを訊ねられるのです。

「人々は、人の子を何者かと言っているか？」

弟子たちの答えを一緒に考えましょう。

1　預言者

これは常識的な答えです。主イエスの言葉と行いは旧約聖書の預言者とくにエリヤ、エレミヤを連想させるものでした。旧約の預言者たちも数々の奇跡を行いました。そこに神の力が働いていたのです。洗礼者ヨハネは、首をはねられて殉教しました。神が派遣した預言者は時の権力者の殉教に遭う。しかし、そこにも神の権威を認めたのです。

2　メシア告白

主イエスが期待された弟子たちの答えは違っていました。主イエスは預言者以上の存在であったのです。預言者しかも、エレミヤやエリヤといわれるだけでも光栄なことです。それ以上であったのです。それは、メシアでした。しかも、「生ける神の子」なのです。

ペトロがそれを答えました。

マタイ16章16節、これは覚えておきましょう。

メシアとは、神に油注がれた者という意味です。ヘブル語です。ギリシャ語では、キリストです。ですから、キリストというのは、本来の意味は神に油注がれた者という意味なのです。油注ぎは、旧約では、ダビデ王はじめ王になるために必要な儀式でした。預言者も油注がれることもありました。神の特別な目的のために聖別される儀式です。

メシア、キリストとは神が特別に用いられようとする王であり預言者ありました。ですから、メシア、キリストは人間でもいいのです。ことさら、人間以外の存在でなくてもいいわけです。政治的指導者、ダビデのような王、神の全能によって与えられた支配をもたらす、強大な権力を持った王の下でイスラエルを支配する王、それがローマ帝国によって支配されていたイスラエルの人々の祈り、願いだったのです。独立して、神の国を建設する。それがキリスト到来の長い間の祈りでした。

主イエスは大工の子でした。しかも、主イエスご自身が「人の子」と言われているのです。

ペトロは、人の子をメシア、キリストと告白し、しかも「生ける神の子」と告白したのです。これはすごいことです。神の子とは、神と同じ存在です。神学的には同質といいます。遺伝子のたとえでいいましょう。人間の細胞は、どこをとっても同じ遺伝子が組み込まれているのです。髪の毛も足の爪も、流れる血液も同じ遺伝子です。記号ですね。同質です。父なる神、主イエスはどこをとっても同じ遺伝子ということです。もちろん、神は霊ですが、主イエスは人間となられました。肉を受けられました。ですから、遺伝子があるはずです。

3　教会の起こり

キリスト教は、主イエスをメシア、キリストだけではない。神の子と告白する教えであるということです。ローマ皇帝は、神の子でした。これは中国の皇帝も同じです。旧約聖書には、古代帝国の皇帝は神として礼拝の対象になっているのです。天皇もそうでした。現人神として、信仰の対象とされたのです。神社に祀られる神、御霊ともいいます。英霊ともいいますね。神です。

その中で、聖書は、神は唯一であり、霊であって目に見えないお方であると記されているのです。それにもかかわらずに、主イエスが人の子でありつつ、しかも神であると告白する。そこにキリスト教のキリスト教たる所以があるのです。

神が人となられた。ここに神の神秘があります。聖書は代々にわたって隠された神の奥義、神秘であると記されているのです。

この真理の上に、教会は建てられ、今日に及んでいます。

イエスとは何者か？　大工の子を神の子とする信仰、人の子イエスを神の子とする信仰。

これが教会の信仰であります。

神が人となられたのです。

いやし主、助け主、いやし、慰め、力の主。

4　寄り添う神

14日の金曜日、栃木地区婦人会修養会が宇都宮上町教会にて開催されました。牧師であり、カウンセリングセンターの所長をされている賀来周一《かくしゅういち》先生（1931～）の講演がありました。いろいろ教えられ、示唆を受けたことです。

その中で、現代の教会は伝道型よりも牧会配慮型になりつつある。そう言われたのが印象的でした。教会は伝道する使命がありますが、伝道すると同時に牧会的、つまり魂や心、精神に対する配慮を備える教会形成を行う必要があるというのです。

人は、福音を聞くというより、自分のこと、自分の問題を聞いてほしいという願いをもって教会に来るというのです。癒されたい。優しくされたい。友だちがほしい。心の友、心を開いて語り合える人がほしい。そういう求めを持っているということですね。

聞くということは、訓練を要します。いのちの電話にかかわっていましたので、その辺の事情はよく分かります。人の話を聞くというのは、忍耐を要します。そして、難しい問題を聞くには、包容力が必要です。牧師は、大体聞くというより説教するほうが得意です。話したがるのです。

主イエスは、聞くために来られた。そう言っても過言ではないでしょう。寄り添うため、わたしたちと共におられる。神が人となられたということは、そういう意味です。

神は高い天上からわたしたち人間を見下ろして、可哀想だな、気の毒だなと観察するだけで、何もしない方ではありません。地に降りてきて、苦しむ人、悲しむ人とともに生きようとされておられる。そこに神の愛が現されているのです。

教会が伝道型から牧会配慮型になることで、本来の教会の目的が遂行されるように思います。もちろん、教会は伝道しなければなりません。魂をすなどることは、そこに真実、いのちを見出した時に、信仰にいたるものだと思うのです。

主イエスをキリスト、神の子とする信仰と告白は、神から来るものです。人間の思いや論理的な帰結によるものではありません。神の霊である聖霊によって与えられる奇跡です。

Ⅰコリント12章3節――
聖霊によらなければ、だれも「イエスは主である」とは言えないのです。

5　新しい人

はじめに大江健三郎氏の「新しい人に」と題した合唱音楽のための歌詞を紹介しました。
古い古い手紙で教えている「新しい人」は、エフェソの信徒への手紙2章で語られていることだと思います。ここでは、「新しい人」とは、その来臨を待ち望まれているキリストでもメシアでもありません。「新しい人」とは、実はわたしたちなのです。

14節以下――
実に、キリストはわたしたちの平和であります。二つのものを一つにし、御自分の肉において敵意という隔ての壁を取り壊し、規則と戒律ずくめの律法を廃棄されました。こうしてキリストは、双方を御自分において一人の新しい人に造り上げて平和を実現し、十字架を通して、両者を一つの体として神と和解させ、十字架によって敵意を滅ぼされました。

わたしたちが信仰を告白して洗礼を受けるということは、このように古い人を脱ぎ捨てて、新しい人を着ることを意味しています。そして、和解の使者としてこの世に福音を宣べ伝えていく使命を与えられたのです。キリストによって新しい人に造りかえられる。これが福音であり、神の愛と恵みなのです。
ここに教会が建てられていく意味と目的があるのです。

わたしたちは、キリストによって新しくされている。そのことを信じ、喜びと感謝をもってキリストを証ししていきましょう。そして、それができるように、聖霊の助けと力を常に求めていきましょう。

信仰告白と十字架（マタイによる福音書16章21～28節）

先週の木曜日、いつもは聖書研究の時ですが、この日は立正佼成会《りっしょうこうせいかい》という仏教系の宗教団体の皆さんが来られて、共に神を礼拝する時間を持ちました。27名の信者さんが、この会堂に座られて讃美歌を歌い、聖書から説教を聴かれました。そして、ともに世界の平和のために祈りました。とても、よい印象を持たれたようで、今度は日曜日の礼拝の時に来たいと言う方がおられました。いつでも歓迎しますとこたえました。

宗教の違いを超えて、平和のために祈ることは大切なことだと思います。自分のところだけが素晴らしい宗教で、ほかはすべて邪教、本当の宗教ではない。そう公言することで争いが生まれるからです。インドネシアでは、この29日女子高校生3人が誘拐され、首を切られて教会に投げ入れられたとの報道がありました。痛ましい事件です。イスラム教との宗教対立です。残念でなりません。

イラク、イランなどあらゆる宗教間の抗争で犠牲になった人たちに哀悼の意を表します。

1　本質が明らかにされた時、派遣の真意・目的が明らかにされる

さて聖書に戻りますが、イエスはどういうお方なのか？　これが福音書の記された目的です。四つの福音書は、それぞれ独自の見解、いわゆる神学を持ちながら、イエスというお方の真実、どういうお方なのかを記しています。

わたしたちはマタイによる福音書をともに学んでいますが、マタイは主イエスの系図から始めて、その生まれ（生誕の記事です）、成長してからは奇跡と不思議なしるし（多くの病人をいやし、死人を甦らせ、悪霊を追い出された）、今

までどんな人も語ったことがない主イエスの権威ある言葉を記してきました。16章にきて、ペトロが弟子たちを代表して、同時にすべてのクリスチャンとなるべき人間を代表して、主イエスこそ「キリスト、生ける神の子」であるとの告白を行わしめるのです。

前回で、「クライマックス」と題して説教したとおりです。すなわち、「イエスは神」、また「永遠の神が人となられた」。これが福音書の書かれた目的であり、その使命であります。

ここにきて(16章という劇的な章)主イエスの本質が明らかにされました。福音書は、それで終わりではありません。ここからが新しい展開に入ります。つまり、本質が明らかにされた時、派遣の真意・目的が明らかにされるのです。派遣とは、神が人となられたことの意味と目的です。福音書は、それを端的に記しています。それは何かというと、十字架です。

主イエスは、そのことを十分に知っておられました。信仰告白を待っていたとばかりに、その直後に十字架を予告されるのです。

本日の聖書の段落であります。

21節

このときから、イエスは、御自分が必ずエルサレムに行って、長老、祭司長、律法学者たちから多くの苦しみを受けて殺され、三日目に復活することになっている、と弟子たちに打ち明け始められた。

メシア・キリストは十字架の死に至る。救い主は受難、すなわち苦しみを受けられる。しかし、三日目に復活する。これが究極的な福音書の証言であります。わたしたちは、信仰告白の出来事から順を追って、主の受難と十字架の出来事を、これから福音書を読みながらしっかりと見ていきたいと願います。この講解説教はまだまだあとが続くのです。

2　人間の期待と神の真意

苦しみを受け、天寿を全うすることなく死んでいくことは、誰でも望むことではありません。況や、神の子ならなおさらです。支配と統治、栄光の座に就くことこそが相応しいのです。何故、苦しみを受けて、殺されなければならないのか。これは到底容認できないことでもあります。その心のうちをやはりペトロが弟子たちを代表して投げかけます。

22節以降――

すると、ペトロはイエスをわきへお連れして、いさめ始めた。「主よ、とんでもないことです。そんなことがあってはなりません。」イエスは振り向いてペトロに言われた。「サタン、引き下がれ。あなたはわたしの邪魔をする者。神のことを思わず、人間のことを思っている。」

前の段落で、ペトロは主イエスから大いに喜ばれ、天国の鍵を授けようとまで言われたのに、今度はサタン呼ばわりです。

「あなたはわたしの邪魔をする者。神のことを思わず、人間のことを思っている」。

神のことを思うとは、救い主の苦難と死です。それに対して、人間のことを思うのは、支配と統治、栄光の座であります。

主イエスがまもなく、ユダヤ人に捕縛されて十字架につけられるという時に、弟子たちが終わりの時に誰が一番えらくなるかと言い争う場面があります。人間の思い、期待、望みはえらくなること、人を出し抜くこと、人を支配すること、権力を振るうことであります。

しかし主イエスは言われます。

「あなたがたの中で偉くなりたい者は、皆に仕える者になり、いちばん上になりたい者は、皆の僕になりなさい。人の子が、仕えられるためではなく仕えるために、また、多くの人の身代金として自分の命を献げるために来たのと同じように」（マタイ20・26以下）

ブルトマン（Rudolf Karl Bultmann, 1884～1976）という20世紀を代表するドイツの有名な聖書学者がいます。マールブルク大学の新約聖書の教授でありました。日本でも、大方の神学校、神学部ではブルトマンを読まないと神学生であらずという風潮がありました。聖書の実存論的解釈を提唱した神学者です。彼は福音的な教会では物議をかもし、危険な神学者として批判されましたが、本人は信仰の深い人でもありました。

ある時、日本の神学大学の聖書学者であり牧師がこのブルトマン教授を訪ねました。時は日曜日です。ブルトマン教授がマールブルクの教会の忠実な会員であることを聞いていましたので、その教会の礼拝に出席しました。礼拝堂に入って、辺りを見回しましたが、ブルトマン教授の顔がなかなか見当たりません。確かにこの教会にいるはずだが。そう思って受付の教会員に訊ねました。

「ブルトマン教授がこの教会に出席していると聞いて来たのですが、今日はいらっしゃらないのですか？」

すると、受付の姉妹が答えました。

「ブルトマンさんなら、ほらあそこにいますよ」

指した方を見ると、そこには駐車場係りをしている老人がいました。教会に入る車の駐車整理をしているのです。日本から来た神学者は、あの高名な聖書学者が駐車場係りをしていると知って、びっくりしたということです。

神が人となられた。当時のローマ帝国の皇帝は神として、国を支配し、人間を支配しました。暴君ネロのように、国民の生殺を自分の都合の良いように行いました。中国の皇帝もそうです。日本では天皇は現人神でした。キリストは人となられた神であり、しかも仕えられたのです。そして、十字架の死に至るまで柔和さと人間への愛を全うされたのです。今もなお、神の愛は変わらず、わたしたちに注がれています。

この方がわたしたちの信じる神であります。キリストを信じ、見上げるとは、キリストのように世に仕える者となることです。それが証しであり、伝道だと思います。自分の存在、自分の生き方によって、キリストが崇められる。そのように生きましょう。

いのちと全世界（マタイによる福音書16章22〜28節）

1　いのちか全世界か

「オール－オア－ナッシング」（all-or-nothing）という英語の言葉があります。「すべてか無か」「絶対的な、妥協を許さない」という意味です。日本語の表現では、「一か八か」ということでしょう。運を天にまかせて、思い切ってやってみること。のるかそるか。いわば、人生の最大の賭けのことをいいます。

そういう精神構造を禁忌する人もいます。極端なところがありますからね。中庸を重んじる人たちは、極端ではなく真ん中を求める傾向があります。

イスラムの自爆テロのテロリストなどがそういう信仰ないし信念をもっていることだと思います。

どちらかというと、東洋・アジアは極端ではなく、中庸を求めます。どちらにも揺れない。温暖な気候から生じる気質かもしれません。それに対して、極端を好む傾向は西洋・ヨーロッパ的なのでしょうか？　まさに「オール－オア－ナッシング」です。

本日の聖書、主イエスの言葉もまたニュアンスから言えば、そういうことでしょう。主イエスの言葉は、「命か全世界か」という問いかけです。

信仰とはある意味では、人生の最大の賭けでもあると思います。全世界かいのちかです。

全世界を獲得するとは、青年の大きな野望でもあります。権力、巨万の富、栄耀栄華を夢見て、そういう人生を送る。

しかし、そんな人生を送る人はほんの一握りの人です。でも、そんな人生に賭ける。自分の才能を試し、運を試す。

主イエスは、全世界の財宝、財産、富、権力を獲得しても命を明日失ったらどうするのか？ と問われます。命は、今だけのことではない。今だけよければそれでよい、という命ではありません。今とそれから続く永遠のいのちです。しかし、永遠のいのちを求めることは、ある意味では欲張りかもしれません。そう考えることがあります。永遠に生きるのですから。そう、クリスチャンは欲張りです。しかし、その欲は純粋であり、正義であり、愛に満たされており、世の闇を照らす光、真理、目標とすべき善です。創造の神、救いの神との交わりなのです。人生のすべてを賭けて、神に自分を捧げる。それほど貴いことはないでしょう。主イエスは、わたしたちのすべてを求められるのです。

2　弟子となる条件

主イエスは永遠のいのちを保証されます。それには条件があるのです。それは何か？

24〜26節――

それから、弟子たちに言われた。「わたしについて来たい者は、自分を捨て、自分の十字架を背負って、わたしに従いなさい。自分の命を救いたいと思う者は、それを失うが、わたしのために命を失う者は、それを得る。人は、たとえ全世界を手に入れても、自分の命を失ったら、何の得があろうか。自分の命を買い戻すのに、どんな代価を支払えようか。

自分を捨て、自分の十字架を背負って、主イエスに従うということです。自分を捨てることは容易にはできません。また自分を捨てることは絶対にと言ってもいいほどにできません。それを要求されるのです。不可能なことを求める主イエスです。

　でも、できることがあります。それはイエスに従うということです。イエスのあとについて行く。イエスのなさったことを行う。それがイエスの弟子となるということでしょう。

　「色即是空《しきそくぜくう》」という仏教の教えがあります。般若心経の言葉です。

〈この世にあるすべてのもの（色）は、因と縁によって存在しているだけで、固有の本質をもっていない（空）〉という意味だそうです。同時に「空即是色《くうそくぜしき》」という言葉があるのですね。〈宇宙の万物の真の姿は空であって、実体ではない。しかし、空とは、一方的にすべてを否定する虚無ではなく、知覚しているこの世の現象の姿こそが空である〉という意味だそうです。

　禅には、「無となる」という考え方があります。「虚無」「無」を意識する。そこに宇宙と一体となるという仏教最高の境地があるように思います。それが「悟り」と言われ、「涅槃《ねはん》」なのです。梵 nirvāna 吹き消すこと、あるいは吹き消された状態の意。

　あらゆる煩悩《ぼんのう》が消滅し、苦しみを離れた安らぎの境地。究極の理想の境地。悟りの世界。泥洹《ないおん》。ニルバーナ。寂滅。

（国語辞書から）

　自分を捨てるということは、仏教でいう、無、悟り、涅槃。そういう意味、心境かなと思います。仏教は、深遠な哲学でもって思弁し、修行して悟りを開きます。主イエスは、わたしたちにそれを要求されません。哲学的な思惟（思考）も難行苦行の修行も必要ないのです。主イエスに従うということで、悟りと宇宙万物の根源たる神と一体になるのです。永遠のいのちとはそういうことだと信じます。

　それはどうすれば獲得できるのか？　単純なことです。主イエスを信じ、主イエスに従うことです。信じ、従うことが、自分を捨てることになるのです。

3　自分に死に、神に生きる

何度も言っていることですが、16章の信仰告白から福音書の記事の内容は変わってきています。主イエスを信じる告白の記事を出発として、弟子としての覚悟、信仰者の覚悟が前面に出てきています。それは、自分を捨て、主イエスに従うということです。

ヨハネによる福音書12章23～25節も同じテーマです。

イエスはこうお答えになった。「人の子が栄光を受ける時が来た。はっきり言っておく。一粒の麦は、地に落ちて死ななければ、一粒のままである。だが、死ねば、多くの実を結ぶ。自分の命を愛する者は、それを失うが、この世で自分の命を憎む人は、それを保って永遠の命に至る。

「栄光を受ける時」とは、十字架を指しています。十字架の死が、永遠のいのちにつながる。これがキリスト教の信仰です。

「小さな魚」という物語を紹介いたします。

大海に住む一匹の魚が、もう一匹の魚に言いました。「あなたはわたしより年長で、経験もおありです。わたしを助けていただけませんか？　〈大海〉と皆が呼んでいるものは、どこで見つけられるのでしょう？　至る所探しましたが見つからないのです」

「〈大海〉だって？」年長の魚が言いました。「きみが今、泳いでいるところが〈大海〉だよ」

「ここがですって？　でもここは、ただの水ですよ。わたしが探しているのは〈大海〉なんです。」至る所泳ぎ回っていた若い魚は、落胆して言ったのでした。

ある修行僧の衣をまとったひとりの男が、〈師〉のところにやってきました。そして修行僧らしい言葉遣いで話しました。「わたしは何年も〈神〉を探してきました。家を離れ、〈神〉がおいでになると言われるあらゆる所で〈神〉を求めました。山の頂上、砂漠の真っただ中、修道院の沈黙や、貧者のスラム街のなかに」。

「見つかったかね？」と〈師〉は尋ねました。

「〈はい〉と答えたとしたら、わたしはうそつきになってしまいます。いいえ、わたしは〈神〉を見つけることができませんでした。あなた様はお見つけになったのですか？」

小さな魚よ、探すのはおやめなさい。探すべきものは何もありません。ただじっとして、目を開き、見るのです。とらえそこなうことはありません。

（引用は「せせらぎ」で紹介されていたお話しです。アントニー・デ・メロ著／谷口 正子訳『小鳥の歌―東洋の愛と知恵―』女子パウロ会より http://seseragi-sc.jp/xe/5852）

4　神との出会い、そして神と共に生きる

わたしたちは、救い、悟り、永遠のいのちを求めます。特別な能力や力、財力、家柄は必要ありません。特別な修行もそのための年季（歳月、修行と悟りのための期間）も必要ありません。

主イエスを信じ、主イエスに従おうとする意思があればいいのです。

そこが神との出会いの場であり、神との出会いの時であるのです。そして、そこが永遠のいのちに至る道なのです。

栄光のキリストの姿

（マタイによる福音書17章1〜13節）

いよいよ12月に入りました。先週からアドヴェントです。この年、２００５年ももうすぐ過ぎようとしています。そして、新しい年２００６年を迎えます。この年、11か月を過ごしてきましたが、皆さんにとってどんな年でしたでしょうか。

アジア学院（アジア農村指導者養成専門学校・栃木県那須塩原市）の研修生の皆さんにとって、この一年はとくにその人生において特別な一年であっただろうと推察いたします。結婚された兄姉とその家族、子どもが生まれた家庭、外国旅行に行かれた兄姉、その他特別な神の恵みをいただいたであろう皆さん。

人との出会いにおいても、特別な感慨を覚える時があります。人生において、節目節目に出会う人や出来事があります。喜ばしい出来事だけでなく、ときに悲しむこともあります。その積み重ねの一つひとつがわたしたちの人生を豊かにし、成長させるものであります。

その出来事の一つに、いや人生でもっとも大切なこととして、神との出会いがあります。いのちの創造主であり、万物を司られる神と出会い、神を発見する。そして、神との交わりが与えられる。それにまさる体験は、わたしたちの人生では考えられないではないか。神のいのち、神の愛、神の恵みを自分のこととして受け取る。人生の意味はここにある。そのために生き、そのために死ぬ。そのような方との出会いです。

わたしたち信仰者の最大の願いは神を見る。神を体験することであろうと思います。

1　神を見、神を体験する。

本日の聖書は、まさに神をこの目で見る。そういう体験の物語です。主イエスの弟子たちのなかで、ペトロとヨハネ、ヤコブの三人がその恵みに与ります。

17章1節を読みましょう。

六日の後、イエスは、ペトロ、それにヤコブとその兄弟ヨハネだけを連れて、高い山に登られた。

ここでは、「高い山に登られた」とあります。どこの山に登ったのかは、記されていません。何のためにですか？　マタイでは記されていませんが、ルカでは「祈るために山に登られた」とあります。そのとき、どうなったのか？　主イエスの姿が変わったのです。変貌です。どのように変わったのか？

2節――

イエスの姿が彼らの目の前で変わり、顔は太陽のように輝き、服は光のように白くなった。

そして信じられないことが起こります。モーセとエリヤが現れ、主イエスと語り合っていたというのです。モーセとエリヤについては、お話しする必要がないでしょう。旧約聖書に出てくる信仰の巨人です。神の人と呼ばれています。旧約の創世記から申命記の五巻をモーセ五書と呼ばれるほどに、モーセは偉大な預言者であり、神が用いられた人でした。

エリヤは、イスラエルがカナン定着後に堕落した時に現れ、数々の奇跡を行って、神の言葉を国民に知らしめた預言者です。エリヤは天に挙げられた預言者です。

ちなみに旧約で、死を見なかった人が二人います。創世記のエノクです。（5章24節）

そして、このエリヤです。エリヤについて詳しい箇所は、列王記上17章から列王記下2章に記されています。是非、お帰りになってから熟読してください。

2　十字架は栄光

何を語り合っていたのでしょうか？　マタイでは記されていませんが、ルカでは明確に記されています。

9章31節——

二人は栄光に包まれて現れ、イエスがエルサレムで遂げようとしておられる最期について話していた。

ここでも、「栄光に包まれ」て現れるのです。イエスがエルサレムで遂げようとしておられる最期について、話し合っていたのです。この最期というのは、ギリシャ語ではエクソドスです。すなわち、出エジプトです。モーセを指導者としてイスラエルの民はエジプトを脱出しました。神の救いの実現です。

今度は主イエスを通して、全ての人を救いに導くために第二の出エジプトがなされるのです。

3　父なる神の承認

この光景をみていたペトロは記念の小屋を建てようと考えます。偉大な経験をするとそれに感動し、心を奪われます。その感動をいつも持っていたい。いつもそこに居続けたいと願います。その場所にとどまり続けることを欲求するのです。それは、ペトロの16章における信仰告白の確信となったと思います。ペトロは信仰告白して、主イエスに喜ばれますが、すぐに叱責を受けます。主イエスの受難に対して、否定したからです。救い主が十字架に架けられることがあってはならないとの思いからです。

この度は改めて主の栄光の姿を拝して、ペトロは告白するのです。

ここで、父なる神のお言葉が降ります。

5節――
ペトロがこう話しているうちに、光り輝く雲が彼らを覆った。すると、「これはわたしの愛する子、わたしの心に適う者。これに聞け」という声が雲の中から聞こえた。

この言葉は主イエスが受洗された時に、天が裂け、聖霊が鳩のように降られた後に聞かれた言葉と同じです。神ご自身が主イエスの十字架を承認された。ここに神のご計画を見るのです。

さて、17章のこの段落を通して、いろいろ教えられたことがあります。

① 栄光の姿は主イエスの本質、本当の姿である

キリスト教の教理というものがあります。教えの道筋、道理ですね。その中で、信仰義認と申します。キリストを信じるとき、救われる。これが信仰義認です。義と認められる。一般に義化（justification）・救いと申します。次に聖化（sanctification）があります。メソジスト（西那須野教会はメソジスト派の教会でした）は聖化を強調する教派です。聖霊に満たされた状態をいいます。聖潔《きよめ》ともいいます。聖潔《きよ》くされるのです。そして、第三に栄化(glorification)があります。栄光の身体に変えられるという意味です。神学的には、「携挙《けいきょ》」（rapture）ともいいます。終わりの時、すなわち主の再臨の時の出来事として、携え挙げられることを指します。

主と同じ姿に変えられるのです。IIコリント3章18節（「わたしたちは皆、顔の覆いを除かれて、鏡のように主の栄光を映し出しながら、栄光から栄光へと、主と同じ姿に造りかえられていきます」）。

先ほどの、エノク（創世記5章24節）やエリヤのように天に挙げられるのです。新約ではIテサロニケ4章17節に見られます。

②栄光の姿の顕現

この顕現は、16章のペトロの信仰告白によって引き起こされた、主の苦難と結びつけられます。イエスはキリストであるとの告白によって、主イエスはご自分が十字架において死に引き渡されることを予告されます。その直後のこととして、主の栄光の姿変わりがあるのです。

そして、モーセとエリヤが現れて、エルサレムでの十字架の苦難について語るのです。そして、神ご自身がそれを承認される。

これが、福音書が証言する主イエスの十字架と救いの道すじなのです。

③霊の王国、愛の国

主イエスに現れたのは、モーセとエリヤでした。ダビデでもソロモンでもありませんでした。政治的な偉大な指導者ではなく、精神的、霊における指導者が現れたのです。それは神の国の原理です。霊の王国、愛の国を建てるために、十字架が必要とされたのです。人の上に立って力で支配するのではなく、謙って、ご自身を低くされる神の子が王となる愛の国です。

④派遣の備え ―― 山を下りる

この主イエスの姿変わり（変貌）と神の顕現は、十字架への備えですが、同時に教会の働きと使命、派遣へとつながっていくものです。

栄光を拝するという感動にとどまらないということです。神を見る幸い、神の恵みを体験するという祝福はそれだけで終わらないのです。山を下りなければなりません。これは大切なことで、教会の使命がここにあるのです。

⑤祈り、神との交わりのために、時を聖別する

最後に、1節に戻りますが、わたしたちは山を下りるために、山に登ることが必要です。宣教のために、神の言葉を宣べ伝えるために、神との出会い、恵みを経験することが必要だと思うのです。人に伝えるために、神から力を受ける。これがわたしたちの信仰となれば幸いです。教会が山と言ってもいいでしょう。教会に来て、恵みと力を受ける。そこから下りて、教会から派遣されるのです。

⑥個人的な証し

わたしは土曜日、山に登ります。いつもは教会の礼拝堂で祈り、デボーションを行いますが、土曜日は次の日の礼拝のために、特別のこととして山に登って祈りに出かけます。車で行くのですが、一時間声を出して祈ります。力を受けるように。大きな声で賛美します。そして、山を下りるのです。土曜日の夕方、いない時は山に登っていると思ってください。

最後の最後ですが、み言葉を読んで祈ります。

IIコリント3章16節～18節です。

しかし、主の方に向き直れば、覆いは取り去られます。ここでいう主とは、〝霊〟のことですが、主の霊のおられるところに自由があります。わたしたちは皆、顔の覆いを除かれて、鏡のように主の栄光を映し出しながら、栄光から栄光へと、主と同じ姿に造りかえられていきます。これは主の霊の働きによることです。

からしだね一粒をもって（マタイによる福音書17章14〜20節）

２００６年が始まりました。『信徒の友』１月号の日毎の糧、１月１日にこんな文章があり共感しました。

門松は冥土の旅の一里塚
めでたくもあり　めでたくもなし

この句は、一休さんの作です。門松は新しい年を迎え、幸いの神の来臨を待ち望む期待と抱負をもったしるしであります。謹賀新年ともいいます。しかし同時に、一つ年をとって老いて行く。その先は死です。死に一歩近づくのだから冥土へ向かう旅の一歩でもあります。だから「めでたくもあり、めでたくもなし」という気持ちになるのでしょう。

一休さんは、ほかに面白い言葉を残しています。たとえば、

釈迦といふ　いたづらものが世にいでて
おほくの人をまよはすかな

「真理の教えも、人を迷わすものだ」という仏教の高僧の言葉は味わい深いものがあります。

1　まつりのあと

さて、わたしたちは1か月のアドヴェント、クリスマス期間を過ごし、最高潮のクリスマスを迎えました。気持ちが高ぶり、華やかさと清さをもってクリスマスを過ごしました。御子イエス・キリストのご降誕における神の恵みと祝福の約束を確認したことです。クリスマスを終えて、新しい年を迎えました。２００６年です。この年、どういう月日を過ごしていくか。そこにも神の導きと恵みの約束を信じ、期待して進みたいと思います。

ところで、恵みに満たされて神の祝福を体験した後の生活が実は大切なことであることを、わたしたちは注意しなければなりません。信仰のアフターケアです。洗礼を受けた後の信仰生活の導き方。スタートラインに立って、スタートしたばかりという意識です。成長し、成熟し、完結したのではないのです。試練や誘惑が今まで以上に襲ってくるのです。

洗礼ばかりではなく、わたしたちの信仰生活、教会生活の中で、信仰の荒波、嵐が襲ってきて、船をのみこみ、破船に追い込む力が働くのです。そこに必要なのは、教会の仲間の信仰の助けと祈りです。恵みが増すことにおいて、試練や誘惑が強くなるのです。

本日の聖書を見ましょう。17章1節からの出来事で、ペトロや弟子たちは山に登って栄光の主イエスの姿を見ます。神を体験するような大きな出来事を経験するのです。恵みに満たされます。その直後のことで何が起こったか。信仰の挫折、不信仰、教会の働きの失敗と躓きです。山から下りてきて真っ先に見たのは、神の不在のような現実でした。病気の人たちがいること、癒せない現実です。それはわたしたちの時代において、戦争や犯罪、暴力、憎しみがなお消え去らない地上の現実です。病気の人がいても、祈ることはあっても、よくならないだろう、回復しないだろうとの諦めです。

あれほど、神の臨在を体験し、主イエスの栄光を仰ぎ見た大きな経験にもかかわらず、そして神の全能の御手、聖霊の力に満たされた高揚感にもかかわらず、現実は無力な信仰者としてのわたしたちの姿、教会の姿しかないのです。

楽しいまつり（フェスティバル）を経験した後の、閑散で疲労感をもった気持ちになることがあるのです。

14～17節前半を読みましょう。

一同が群衆のところへ行くと、ある人がイエスに近寄り、ひざまずいて、言った。「主よ、息子を憐れんでください。てんかんでひどく苦しんでいます。度々火の中や水の中に倒れるのです。お弟子たちのところに連れて来ましたが、治すことができませんでした。」

イエスはお答えになった。「なんと信仰のない、よこしまな時代なのか」

弟子たちは、主イエスをお手本として祈り、神の癒しを願ったことでしょう。そこに苦しみ、病をもった人たちの現実がある時、無力な信仰者の姿を露呈し、舌を打ちます。

教会の現実の姿があります。

2　理想と現実のギャップを克服するために

信仰の世界はある面、理想でもあります。あるべき姿を目指して進み行く目標でもあります。しかしわたしたちの現実はまだ達成できるほど成長も、成熟もしていません。駄目だなあと自らを叱咤することがあります。

しかしだからといって、わたしたちはまったくの無力というわけではありません。失敗と挫折感を抱いたままで教会を去り、信仰をなくすことではないのです。

主イエスがいやしをなされ、回復へと導く力を示され、神の栄光を現し、教会を励まされるのです。

18～20節――

そして、イエスがお叱りになると、悪霊は出て行き、そのとき子供はいやされた。弟子たちはひそかにイエスのところに来て、「なぜ、わたしたちは悪霊を追い出せなかったのでしょうか」と言った。イエスは言われた。「信仰が薄いからだ。はっきり言っておく。もし、からし種一粒ほどの信仰があれば、この山に向かって、『ここから、あそこに移れ』と命じても、そのとおりになる。あなたがたにできないことは何もない。」

わたしたちは、知っています。人を癒し、回復へと導かれるのは、人間ではなく神であり、聖霊の働きであると。わたしたちは主イエスに祈り、神の憐れみと助けの御手が伸ばされ、注がれるようにと祈るのです。祈ることができる。そこにわたしたちの、同時に教会の信仰があります。失望しないで祈ること。主に依り頼み、希望を持つこと。ここに理想と現実を超える神の恵みによる力が働くのです。

3　山を移す信仰――からしだね一粒でもって

教会の歴史は、からしだね一粒の信仰をもって祈りに祈り、地上の困難な問題と現実を神の現実へと変えていただいた歴史でもあります。神の現実とは、地上の現実を超えた信仰の世界です。その信仰が世界を変えてきました。愛と平和へと献身する多くのクリスチャンを輩出してきました。

苦しみをともにし、慰めあい、重荷を負い合うことによって、癒され、回復へと導かれ、救いを体験することもあるのです。そして教会はその務めを担ってきました。人に与えるために、神からの力を受ける。これがわたしたちの信仰です。

自分だけの救い、平安、自己目的的な完結ではなく、他の人の求めていること、弱さ、魂の配慮をもってお世話をすることも教会の働きでもあります。クリスチャンの務めです。


山を移す、山を砕くとは、困難な問題を解決することを意味しています。神に依り頼み、信じていくとき、行く手をふさぐ困難、試練、誘惑といった山を動かすことができる。これが主イエスの約束です。

この年、わたしたちはそういう経験をしようではありませんか。わたしたちの眼前に横たわり、行き手を遮るような山、高い壁を砕き、動かすような一粒のからしだねという信仰をもって、神の栄光を現しましょう。

大きく高いビジョン、理想を掲げて実現に至らせてくださる神に依り頼んで進みましょう。

救われる人が起こされ、病にある兄弟姉妹が癒され、回復し、強められるように。また、信仰者が成長し、成熟へと導かれ、その家族において、友人・知人において、よき証しが立てられ神の栄光が現されるように祈り求めましょう。

神の国と地上の国（マタイによる福音書17章22～27節）

わたしたちの国、日本は２００４年度末７５０兆円の借金があると言われます。一人あたりの負担は６６０万円とも言われるのです。２００５年度末では８８０兆円になると予想されています。その借金を返すために、これからますます、いろんな税金徴収の企てがなされていくでしょう。

今日の聖書は、税金のことがテーマです。税金がテーマといっても、節税とか税金の講義をするわけではありません。一介の牧師が税金について話せるわけもありません。問題は、税と教会、税金を徴収する国と教会の関係、それはこの地上の国と神の国との関係についてということです。

昔、奈良時代、国民は租《そ》・庸《よう》・調《ちょう》という税負担を課せられてきました。現代では、消費税、所得税、住民税、物品税、タバコ、お酒、ガソリン、温泉にいたるまで、すべてに間接的にも直接的にも税金がかぶさっています。言うまでもなく、税金で国家が成り立っているわけです。しかし、余りに増税すると、国民は怒ります。昔は過酷な取立てにより、一揆が起こりました。逃げ出したりもしました。世界史的にも共通した出来事であります。

イエス様の時代、ローマは征服した国民に人頭税を課します。同時に、神殿でも神殿税を支払う義務がありました。宗教にも税金というわけです。

本日の聖書は、教会と国家というテーマを含んでいます。このテーマが具体的に語られる箇所は、マタイでは22章15節以下になります。皇帝に税金を納めることは神に対して罪にならないのか？　律法に違反していないか、という問題です。

教会は神の国に属している。それが教会の自意識です。神が王であり、統治者、支配者であられます。その国の国民であるクリスチャンは、教会という神の国に献金を捧げます。これも一種の税金のようなものでしょうか？

今日のテキストでは、税の問題です。それは、わたしたちが今生きている世界は「霊」(スピリット、ゴースト)とか「心」とか「精神」の世界だけではないということです。生活があります。衣・食・住という生活をもった歴史の中での生身の人間世界であるということです。そのもっとも主要な現実は、税において表われ、示される権威、権力の問題です。

キリストにあって生きることは、つまり神の国の市民として新しく生まれた者であるクリスチャンは、この国家とか神殿という教会とは異なる世界・秩序とどう向かい合っていくべきかという問いかけです。

当時の教会は、主イエスをメシアと信じ、教会という共同体を形成していきます。その過程で今までの共同体であるユダヤ教、エルサレム神殿とどうかかわっていくか。それが教会の課題として起こったのです。そこで、三つにまとめてみたいと思います。

1　神の国の王・統治者

日本の統治者は誰でしょうか？　小泉さんでしょうか。内閣総理大臣です。国会でしょうか？　法的には国民です。そう思っています。民主主義国家として、主権は国民にあるのですから。しかし、大臣といっている以上、臣下なのです。誰の臣下なのか？　天皇を元首とする天皇制の中での臣下なのです。ですから、小泉さんは税金を払っています。年金も払っています。天皇家は税金支払っているのでしょうか？　支払っていないと思います。国税庁も税務署も天皇家の家計について調査をすることはないでしょう。天皇家の皆さんも確定申告したり、源泉徴収されることはないでしょう。皇太子もそうです。

しかし先日結婚された清子さん、黒田さんになったのですね。黒田家は税金を払わなければなりません。（編注：税金を納めているものと納めていない税金があり、相続税は納めています。皇室経済法には皇室費〈皇族の品位を保持するために国から支給されるお金〉と内定費〈日常の費用等〉は非課税です）

そこで、主イエスのお言葉。24節以下をお読みします。

一行がカファルナウムに来たとき、神殿税を集める者たちがペトロのところに来て、「あなたたちの先生は神殿税を納めないのか」と言った。ペトロは、「納めます」と言った。そして家に入ると、イエスの方から言いだされた。「シモン、あなたはどう思うか。地上の王は、税や貢ぎ物をだれから取り立てるのか。自分の子供たちからか、それともほかの人々からか。」ペトロが「ほかの人々からです」と答えると、イエスは言われた。「では、子供たちは納めなくてよいわけだ。

主イエスは、神の国の支配者、統治者でありますから、本来は納める必要はないのです。

「子供たちは納めなくてもよいわけだ」という言葉は、直訳は「子供たちは自由だ」ということです。王の子たちは税金を納めることを免除され、除外されているのです。誰も異論を唱える者はいないのです。統治者というのは、そういう特権があるのです。

しかし、主イエスはその特権を放棄されておられます。そこに、神の子イエスの自意識があります。抵抗して戦うことはなさらない。しかも、十字架の死を念頭に置かれています。

22節にあるとおりです。

一行がガリラヤに集まったとき、イエスは言われた。「人の子は人々の手に引き渡されようとしている。そして殺されるが、三日目に復活する。」弟子たちは非常に悲しんだ。

2 人間として、しもべとして

主イエスは、税金を支払われます。神の子の屈従、抵抗して負けて、仕方なく従う。そういう屈辱と敗北感を伴う屈従ではありません。それはすべてから自由であるという立場を表しています。鷹揚なのです。頑固に自分の立場を主張して、それに玉砕するのではありません。自由というのは、自発的なのです。与えられた仕事をいやいやではなく、自発的に、使命感をもって遂行するのです。

十字架はその延長でした。税金を支払うことは、問題とすることではないのです。

3 愛による統治

それでも、主イエスは何も留保しないで税金を支払われたわけではありません。奇跡を行われます。

27節――

「湖に行って釣りをしなさい。最初に釣れた魚を取って口を開けると、銀貨が一枚見つかるはずだ。それを取って、わたしとあなたの分として納めなさい。」

ガリラヤに行くと、湖の魚をペトロフィッシュと言うそうです。

ガリラヤ湖で獲れる魚ですが、口を開けると銀貨が入っているような形をしているそうです。

主イエスは、この世の法や掟に逆らうことなく、従われます。

イスラム教のタリバンやかつてキリスト教でも中世では、教会の力が絶対的な支配力をもって、国民を窮屈にしていました。そこには力による支配、統治がなされ、従わないものを強制的に従わせ、さらに暴力でもって威嚇し、時に拷問や殺害にいたりました。恐怖政治がまかり通っていたのです。

主イエスは力によらず、暴力によらず、愛とまことによる、神の国の統治者としておられます。この世にあっては、しもべであり謙遜な方でした。

そこにしか、人間の自由と歓びはないと思います。主イエスは、それを十字架によって示されたのです。

さて、先週はアジア学院でアシュラムが行われ、参加しました。教会の祈祷会や聖書研究を休会してアシュラムに参加しましたので、ここで短くご報告したいと思います。アシュラムは聖書に聴くという運動です。教師は主イエスのみ。そこに参加するクリスチャンは信徒も牧師も同じ立場です。教師である主イエスに聴くのです。何を聴くのか？　み言葉を聴き、そこに神のみこころを自分の生活の中で確信することを言います。そして、ファミリーという小グループで恵みを分かち合うのです。

2日目の朝、早天祈祷会が6時からあり、そこでわたしは奨励しました。そのとき、こういう話をしました。神学校の同級生だったある牧師から手紙が年末に来ました。自分史を書いたので読んでくださいという手紙とともに、数枚の原稿が添えられていました。

神学校では、自分のことをあまり語らない女性でした。その彼女が僕に手紙をくれたのです。

こう書いてありました。今日は、その要約です。

施設に預けられて中学までいたが、中学を卒業して、理容師さんに就職して見習いになった。手に職があれば生きられると思ったからだ。

理容店の奥さん夫婦はクリスチャンだった。日曜日に理容店を休んで、教会に行っていた。一緒に行かないかと、何度も誘われたが、頑なに拒んだ。神様とか教会はわたしには、無縁な存在だった。神様がいるのなら、わたしのような境遇にはならないだろう。そう思っていた。

ある日、理容店の夫が牧師になるといって、神学校に入学した。もう結構な歳になるのに、牧師になるなんてと不思議に思った。昔、東宝映画のニューフェースで映画の主役をやったことがあるほどの人だった。

店の主人の優しさもあって、教会への誘いを断りきれずに、ついに教会の礼拝に出席した。不思議な思いをした。あと、略して、その後何ヶ月かたって、葛藤の後洗礼を受けるのですね。その後のことを話します。

教会に日曜日に行くたびに、一つのポスターが目について彼女の心を捕らえて放さなくなるのです。階段を上がって礼拝堂に行くのですが、その玄関に入ったところの壁にポスターが貼ってあるのです。今思うと、一年中貼ってあるのですが……

そのポスターは神学校のポスターで献身を招いているのですね。

「来たれ、主のご用だ。神があなたを必要とされている」そんな文字が書かれているポスターです。彼女はそのポスターをいつも見ながら、礼拝堂に入っているのです。

理容店の夫である人もいる神学校です。身近に感じたのでしょうか。

「自分もできるなら、神学校に入って、訓練を受けたら牧師・伝道者になれるかなあ」

そういう漠然とした憧れを抱いたのですね。

神学校に入るには、資格はそれほどないのです。明確な召命があればいいのです。ただ、高校卒業をしていることが条件でした。彼女は中学までの学歴しかなかったのです。諦め、寂しさ、悲しさ、切なさを感じて、門が閉じられているような虚しさを感じたのです。

何も神学校に行って、牧師・伝道師になるだけが献身ではないのですが、彼女はそれが召命のように感じたのですね。

どうしても思いが募って、いたたまれなくなりました。それでとうとう、店の奥さんに言ったのです。献身して、神学校に入りたい。伝道者になりたい、と。

奥さんから夫に話しが伝わり、その夫から教会の牧師に話しが伝わりました。

門をたたいたのですね。そうすると、門は開かれたのです。結論ですが、牧師は彼女を家に住まわせて、教会の仕事をするようにして、夜は定時制の高校に通わせたのです。４年間。その後定時制高校を卒業して、神学校に入学したのです。入学したその時に、わたしも同じ年に入学して同級生になったのですね。

長々となりましたが、彼女は神の言葉が迫ってくる。献身へと導かれている。そう感じたのです。「汝、我に従え」という聖書の言葉が迫ってきたというのです。その神の迫りの中で、逃げ出せない。自分の境遇、能力、才能の問題を超えて、神は語りかけておられる。

アシュラムもまた、その神の語りかけに聴くということです。それを掴む。聖書の言葉を掴むのは、わたしたちが日常の信仰生活において心がけていることだと思います。特殊なものではありません。聖書に聴き、祈る。これがアシュラムなんですね。

この年、わたしたちも言葉をいただき、握り締めて、困難や試練があるかもしれませんが、進み、克服し、神からのビジョンと目標を受けて、達成すべく歩もうではありませんか。

祈りましょう。

神の国に住むために（マタイによる福音書18章1～5節）

新しい年を迎えて、早や三週目となりました。先週は礼拝後に愛餐会を行い、楽しいときを持ちました。愛餐会では例年のように句会があり、三人一組となって俳句を作りました。詠んだといったほうがいいのかもしれません。例年にない大雪をテーマとしたり、ビジョンをテーマにしたりと趣向をこらした句が出来上がりました。それをここで披露することはできませんが、むしろ可笑しかったのは、それぞれのグループの名前でした。

「潮チーム」などは平凡でしたが、小学生・中学生・高校生の三人組みは「三バカトリオ」でした。「にんにんばらばら」という名前は意味不明でした。「シャロンの花」は、格調があっていい名前です。「見ざる・言わざる・聞かざる」グループは、文学的な句を作りました。一番楽しく笑ったのは、「イーナ・ナショナル」グループでした。韓国、ネパール、日本とインターナショナルのグループでした。「ナショナル」のライバル会社に勤められる磯野兄が解説したので、一同どっと笑ったものでした。

子どもの心のように、天真爛漫に笑い、気持ちよい愛餐会を過ごしたことです。

さて本日は、その子どものような心とは何かがテーマです。18章1～5節――

そのとき、弟子たちがイエスのところに来て、「いったいだれが、天の国でいちばん偉いのでしょうか」と言った。そこで、イエスは一人の子供を呼び寄せ、彼らの中に立たせて、言われた。「はっきり言っておく。心を入れ替えて子供のようにならなければ、決して天の国に入ることはできない。自分を低くして、この子供のようになる人が、天の国でいちばん偉いのだ。わたしの名のためにこのような一人の子供を受け入れる者は、わたしを受け入れるのである。」

1　子どものようになる

この短い節のなかで、3度「子供のようになる」とあります。子どものようになるとは、どういうことでしょうか。無邪気な心でしょうか。天真爛漫さ。自由な心。カウンセリングの手法の一つであるTA（交流分析）でいうFC、フリーチャイルドですね。しかし、子どもは自己中心的な面も多く持っています。親や教師の言うことを聞かない、自分勝手なところがあります。

罪のない子どもの心――

子どもごころにも、意地悪さや残忍さがあることを心理学は証明しています。幼児や小学生のなかでも、いじめやシカト（無視）があり、悪があります。

大人の性的なこととして、子どもの無邪気さが挙げられます。

従順さをいう人もいます。素直な心ですね。

依存性。親や保護者に対して依存的である。そのように神に対して依存することが神の国では必要なのだという考えです。

謙遜さ、子どものように教えを聞く態度をいうこともできます。

子どものような心を持つとは何でしょうか。これは難しいですね。一時的、瞬間的にそのようなことがあったとしても、いつも、また永続的に子どもの心を持ち続けることは並大抵なことではありません。

主イエスは注目すべき言葉を使われます。それは、「心を入れ替えて」という言葉であり、「自分を低くして」という言葉です。子どもの心になるとは、「心を入れ替える」ことができる人、「自分を低くする」ことができる人ということでしょう。そういう人が天の国、すなわち神の国に入るのだというのです。

ヨハネによる福音書では、「人は新たに生まれなければ、神の国を見ることができない」「水と霊によって生まれなければ、神の国に入ることはできない」（3章3～5節）とマタイによる福音書を解説しています。

2　支配ではなく、仕える者として

神の国は偉い者が支配するところではありません。

「いったいだれが、天の国でいちばん偉いのでしょうか」という弟子たちの問いかけの中で、主イエスは「まず子供のようにならなければ、決して天の国に入ることはできない」と言われたのです。偉いとか偉くないという次元の問題ではないよ。子どものように心を入れ替え、新しく生まれ変わり、自分を低くする。すなわち、神の国は、支配することや人から偉いと賞賛を浴びることではなく、仕えるもの、従うものが入るところだよ」そう言われるのです。

それは、子どものような信仰と神への依存への表明であり告白であります。

3　「親と子ども」の関係から見る「神とわたしたち」

さて、この説教の準備をしている時、主イエスは子どものことを通して、何をわたしたちに語りかけておられるのだろうかとずっと考え、祈り、黙想していました。なかなか答えが与えられませんでした。ところが、妻を通して大きなヒントを与えてくださったのです。

ＴＡの講義の準備をしていた妻があるコピーを渡してくれたのです。感謝です。それはこういう文章でした。『二人いて一人になれる能力の大切さ』という題名です。勁草学舎 主任カウンセラー 井澤真智子さんの文章です。

『子どもは、母親がそばに居るから安心して自分の遊びに熱中できる。母親がそばに居ないと寂しくて探し回らなければならないから自分の遊びに熱中できない』

『自立とは二人いて一人になれる能力。一人で自立したつもりになっているのは、それは自立ではなくて孤立である』

この二つは、ウイニコット（英国・小児科医／精神分析医 Donald Woods Winnicott, 1896～1971）の有名な言葉である。赤ん坊段階を過ぎた幼児と母親の関係を述べたものであるが、子どもは〝母親がいることがわかっている時〟にだけ、〝母親がいることを忘れて〟自分のしたいこと、たとえば積み木遊びや絵本に夢中になれる。つまり子どもは、〝母親がいると分かっている時だけ自分自身になれる〟ということである。もし母親が、二人いるから何でも二人で、ということになると、子どもは一人でいることのできる空間を失い、自分自身になることができない。いつまでも誰かと一緒にいなければということになってしまう。つまり、自立するためには二人いなければならないのだが、そこで一人になれねばならないということである。人は、依存があってはじめて自立できるのであり、母のまなざしに包まれてはじめて自我意識を育むことができるのと同じことである。

この文章を読んだときに、天啓のような導きを受けました。人間が成長するために、一人でいる時間が必要です。

確かにその通りなのです。いつまでも、自立できない若者が大勢います。

そしてこのことは、本当は神とわたしたちとの関係を一番、的確に言い表しているのではないかと思うのです。神は、わたしたちといつも共におられる。慈愛に満ちた眼差しで、そばにいてわたしたちを見守ってくださっておられる。

神がいないとき、母親を探し回って、本来の子どもの成長のための遊びができなくなるように、わたしたちも自分自身を見失い、神を探し回って不安と恐怖に満たされるのです。

神が見出された時、わたしたちは安心し、心は平安であり、本来の自分自身でいられるのです。

神への依存はそういうことではないかと思います。子どもが親に依存するように、親の力と助け、生活全般に対する依存性は、わたしたちと神との関係と同じなのです。

神に依存することは、恥でもなんでもない。真に自立するために、大人としての人格とパーソナリティーを養うために、神との関係を持ち続けることは大切なことなのです。

神の国に生きることは、神への依存性と互いの自立性、そして互いの心の中に主イエスへの愛と感謝を持つものが、互いに貴びあうゆえに成立するものだと信じます。

自己規律の教え（マタイによる福音書18章6～14節）

先ほど、司会者によって読まれた聖書は、わたしたちキリスト者にとって耳が痛いと申しますか、主イエスのお言葉がわたしたちの信仰あるいは弱点をついているので聞くのがつらい。そのような厳しさを感じるところであります。耳が痛くなるだけではなく、わたしたちの心の深みにおいて叱責され、断罪され、文字通り心が痛くなるのではないでしょうか。

1　つまずき

6節「しかし、わたしを信じるこれらの小さな者の一人をつまずかせる者は、大きな石臼を首に懸けられて、深い海に沈められる方がましである」。

つまずきという言葉が出てきます。つまずきとは、物などにけつまずく、しくじる、失敗とあります。

教会では、つまずくという言葉が使われますね。それは、今まで礼拝及びその他の集会に熱心に出席していた人が突然教会に来なくなることがあります。教会に通い、人生の真理がここにあると信じ、神の救いの恵みに預かります。喜びに満たされ、「感謝……！　感謝……！」の生活を送るようになります。すべてが新しくされ、文字通り新生した、つまり生まれ変わった。その実感をもって信仰生活を送っていたのに、何かの境に教会に糸が切れたように来なくなる。どうして来なくなったのか。牧師が訪ねて行きます。理由を言う人もいますが、言わない人もいます。

教会に復帰する人もいますが、何年も来なくなるということもあります。

つまずいたのですね。理由はいろいろあります。

①人間関係。信仰の先輩の言葉につまずいた。熱心に奉仕していたら、そのやり方では駄目と言われた。言葉遣い、態度を注意された。素直に反省すればいいのですが、責められたと思い、被害者意識が強くなり、抑うつ状態になり、教会が怖くなり、来れなくなった。人間関係につまずく。

②牧師や役員につまずく。説教で、あんなことを言った、こんなことを言ったということで躓く。神学的な問題もあれば、日常的な問題もあります。

知り合いの牧師、長老格の牧師ですが、まだ若い時代のころ、9月の敬老の日の礼拝の時、礼拝後の交わりの時に、年配の信徒（役員経験が長いにもかかわらず）に「あなたも天国は近いですね」と言ってしまった。それを聞いて、その信徒は次の日曜日から教会に来なくなった。何十年と教会に来て、信頼関係があると安心していた。その言葉がつまずかせたのです。自戒を込めて、語られていました。

③神は本当にいるのか？　キリストは神なのか？　信仰経験が10年以上たった人でも、ある時、そのように考え、自分の信仰を疑問視することがあります。

役員経験をしても、そのようなことがあるのです。

某教会の経験豊かな兄弟がいました。大教会です。役員をされ、誰からも信頼されていました。あるとき、礼拝で証しをした。信仰の証しです。彼は、真実に語ったのですが、次の礼拝から教会に来なくなった。自分が語った証しに耐えきれなかったのだと注釈がつきました。

小さなことにつまずく　大きいものならぶつかる、ぶつかって倒れる。こんなことで躓くということがあるのですね。これは根本的なことですが……。

2　罪への誘惑

誰でも陥りやすい――

主イエスのお言葉は、小さな者の一人をつまずかせる者と限定されます。他人につまずきを与える者への警告です。小さな者とは、4節以降にある事柄です。とくに5節「わたしの名のためにこのような一人の子供を受け入れる者は、わたしを受け入れるのである。」

子どもの一人とは、弱い人、生まれたばかりの乳飲み子、教会の交わりに入って間もなくの人を指すと言われます。教会のこと、信仰のことをまだそんなに深い経験をしているわけではないので、丁寧に導いてあげる人のことを言います。信仰のスタート切ったばかりの人です。

その人を躓かせるのは、先輩信徒、役員、牧師ということになります。先ほど、申し上げた通りです。

あなたの言葉が、あなたの態度が他人へのつまずきとならないように、気をつけなさい。そういう意味ですね。

8節以下にあるような言葉をその通りにするとこれは大変ですね。わたしたちは、手も足も目も切り捨てなければばなりません。現在は、テレビやインターネットでいろいろな誘惑があります。罪を犯させるように悪魔は働きかけています。

マタイによる福音書5章 27～29節――
「あなたがたも聞いているとおり、『姦淫するな』と命じられている。しかし、わたしは言っておく。みだらな思いで他人の妻を見る者はだれでも、既に心の中でその女を犯したのである。もし、右の目があなたをつまずかせるなら、えぐり出して捨ててしまいなさい。体の一部がなくなっても、全身が地獄に投げ込まれない方がましである。もし、右の手があなたをつまずかせるなら、切り取って捨ててしまいなさい。体の一部がなくなっても、全身が地獄に落ちない方がましである。」

この厳しさは何でしょうか？　罪を犯さない人は誰もいません。言葉で、態度で、眼で。そのようなら、口も耳も目も、手も足も抉り出し、切り捨ててしまわねばならないのです。これは、片手が信仰のつまずきになったからといって、実際に片手を切り捨てることを求めておられるのではないのです。体の一部を切り捨てたとしても、つまずきがなくなるわけではありません。つまずきとは心の問題であり、信仰の問題だからです。むしろ、マルコ9章にあるように44節、46節「いのちにあずかる方がよい」　47節「神の国に入る方がよい」とあるように、神のいのち、神の国の恵みに留まることを強調しているのです。

3　誘惑する者

わたしたちは、誘惑する者でしょうか？「これらの小さな者をつまずかせる者は……」とあります。ここでは、つまずかせる者とつまずく者の区別がありません。わたしたちは、つまずかせる者であり、つまずく者でもあるのです。

初代教会、ペトロやパウロが活躍した時代。教会には多くの仲間が加わってきました。教会の交わりは喜びです。しかし、教会にはいろいろな人がいます。洗礼を受けた人にとって、よい先輩、悪い先輩がいたと思います。先に救われた者、先輩ですが、よい模範、よい見本を示していく。それがキリスト者の証しです。

率先して奉仕する、礼拝を守る。いつも喜び、感謝していく。賛美が、祈りが新来者の模範となっている。

いつも遅刻、ずるずる、つぶやき、批判、反抗、モーセ——

詩編95編　こころを頑なにするタイプと従う、聴き従うタイプがあります。

悪い見本がいる。言葉において、祈りにおいて

毒麦のたとえがマタイ13章24節以下にあります。よい種を蒔いても、敵が来て、眠っている間に毒麦を蒔いたのです。芽が出て、実ってみると毒麦も現れた。そこで、農夫が主人に引き抜きましょうかと問いかけます。しかし、主人は良い麦も一緒に抜いてしまう危険があるから、最後の刈り入れの時までそのままにしておきなさいと言われます。

残念ながら、教会は初代教会から良い麦ばかりでなく、毒麦もいたのです。それは教会の秩序を乱し、混乱させる毒麦です。新しい信徒をつまずかせ、誘惑する先輩信徒です。

つまずかせる者は災い——これは先ほどの毒麦のたとえですね。

こういう人は教会からいなくなればいいのですが、必ずしもイエス様はそうは仰らない。

必要悪だというと語弊がありますが、毒麦はよい麦と見分けができない。最後まで分からないということです。一緒に毒麦もよい麦も抜いてしまう。毒麦だって、回心するかもしれません。そして、悔い改めて、イエス様も栄光を現すために用いられることもあるのです。

4　だれもがつまずきの石を持っている

ただ、ここで言われているのは、つまずきを与える者に対する裁きではなく、あなたがたがつまずかせないように気をつけなさいということなのです。

これを今日の説教題であるように、自己規律としてイエス様は教会のみなさんに注意されているのです。まだ、イエス様の在世中は、教会はありませんでした。将来を見越して、そのように注意された。親心ですね。実際、教会にはつまずきに満ちたところがあるのです。

5　大牧者イエス

10節からは主イエスは、迷い出た羊のたとえを語られます。百匹を持っていて、その一匹が迷い出たとき、九十九匹を残して迷い出た一匹の羊を捜し出すことを奨励されます。

このところは、ルカ福音書15章で詳しく展開され、あの有名な放蕩息子のたとえへと結実します。

現代は自立の時代です。他人が困り迷うことがあっても、知らぬ顔をすることがあります。「どうしたの……？」「何かわたしにできることありますか……？」

そのように問いかけることが憚《はばか》ることがあります。

「福祉は、役所に任せておけばいい」。

しかし、主イエスはそうは仰いません。

13節――

はっきり言っておくが、もし、それを見つけたら、迷わずにいた九十九匹より、その一匹のことを喜ぶだろう。


真の自己規律は、つまずかせることをしない、つまずくひとを徹底的に守り、支えていこうとする意志なのです。

愛、感謝、喜びを分かち合い、互いに支え、いたわりあうこと――
自分のことばかりでなく、他人のことを考える。配慮、もてなしを優先する教会です。
まことに愛と献身の生涯を送るように、祈り、信じ続けて行く。行動において、精神面において、感情面において、
対人・社会に対して。聖霊に委ねつつ、自己吟味し、悔い改め、前に向かって進む気概を養いましょう。

見失われた者を捜し求める神（マタイによる福音書18章10～14節）

18章10～14節をお読みいたします。

「これらの小さな者を一人でも軽んじないように気をつけなさい。言っておくが、彼ら（小さな者）の天使たちは天でいつもわたしの天の父の御顔を仰いでいるのである。

人の子は、失われたもの（小さな者）を救うために来た。あなたがたはどう思うか。ある人が羊を百匹持っていて、その一匹（小さな者）が迷い出たとすれば、九十九匹を山に残しておいて、迷い出た一匹（小さな者）を捜しに行かないだろうか。はっきり言っておくが、もし、それを見つけたら、迷わずにいた九十九匹より、その一匹（小さな者）のことを喜ぶだろう。そのように、これらの小さな者が一人でも滅びることは、あなたがたの天の父の御心ではない。」［（　）内の小さな者は著者の補注］

ここでは「小さな者」という言葉が何度も語られます。小さな者とは、直接的には18章1節からの続となりますが、誰が神の国で一番偉いかが問題となった時に、主イエスは「子どものようになる」「子どものように自分を低くする」ことに関して語られたところです。

この子どものようになるとは、どういうことか？　それは6節以下の記事によって「小さな者」という言葉となって説明され、10節以下にたとえられている問題です。

10節からの主イエスの言葉は、たとえですが、百匹の羊を飼っている羊飼いがいて、一匹が迷い出ていなくなった。羊飼いは、九十九匹を残して、迷い出た一匹の羊のために探し求めるという内容です。

教会が大きくなっていく。成長し、数の上でも増大していく。その時に、教会に起こった問題として考えられるのではないかと思います。

社会で地位があり尊敬されている、言わば有力な人が教会でも重要な働きを担い、指導的な役割を果たしている。それはそれでいいのですが、逆に疎外されている人、脇に追いやられている人にも神の恵みが豊かに注がれている。そのことを聖書は語っているように思います。そのような人が疎《おろそ》かにされないように、これが教会の働きの大きなひとつです。

神の前ではどんな人でも貴い、かけがえのない人であると、主イエスは宣言されているのです。

1　誰を守るのか?

主イエスは、聖書のいたるところで述べておられます。

わたしが来たのは、失われた者を尋ね求めるためであると。

教会は、一人のために建てられ、存在することがあってもよいと思います。失われた魂、傷ついた魂、弱い魂、躓きやすいこころのために。そこに愛と情熱をかけてともに福音に聴き、従う教会です。

そう言ったら反論があるかもしれません。「教会は聖なる公同の教会であり、一人のためにあるのではなく、全体のためにあるのだ」と。

ごもっともだと思います。その通りなのです。確かに教会は一人のためだけではありません。しかし主イエスはこの「迷い出た羊のたとえ」で99匹の羊を残しておいて、迷い出た羊を捜しに行く、愛と恵みの神を示されています。「そのように小さな者が一人でも滅びることは、あなたがたの天の父の御心ではない」、また「これらの小さな者を一人でも軽んじてはならない」と言われます。

一人を大切にしないで、しかも弱く傷ついた一人を守れないなら、それがどんなに形が整い立派な会堂と大人数を擁する教会であっても、それは主イエスの喜ばれる教会ではないと思います。

2　つまずき、失われた人たち

ルカによる福音書では、この失われた者として放蕩息子のたとえ話が語られます。一匹の羊を捜し求める神は、放蕩息子の立ち返るのを待ちたもう神であります。そして、失われた者とは、自らの放蕩三昧によって自分自身をも失っていたものであることが分かります。

自分自身を見失った者が、自分自身へと立ち返る。そこに人間としての自立、尊厳、誇りが回復されます。教会が神の恵みによる共同体として建てられるということは、互いに愛し合い敬いあい、尊重するという、人間にとって大切な価値観が支えとしてあることを意味します。

それは先ほども申しましたように、尊厳、誇り、自己評価を高めることです。

いのちの電話にかかわっていたとき、気づいたことがあります。それは、かかってくる電話の大半で、かけてくる人の自己評価の低さでした。悩み、苦しみはどこから来るかというと、その自己評価の低さによるものが原因だと察せられました。

「自分は駄目だ。」
「自分のような者は生きていく値打ちもない。」
「自分は生まれてこなければよかった。」

そんな電話が何度も何度も来ました。それはつまりこういうことです。家族の中で、学校のクラスの中で、会社のオフィスの中で、
「お前は駄目だ、無能だ、学力がない、勉強ができない、仕事ができない、くずだ。」
「早くやめればいい、どこかへ行って、むかつく。」

そんな言葉をいつも聞いていると、自己評価は低くなり、プライドも尊厳もなくなります。

教会は、そのような失われた人に愛と敬意と暖かさと優しさを分かち合う群れでもあります。神の命を分かち合い、回復する。復権ともいえます。そこに教会の使命があります。

わたしたちは、そのことで、点検する必要があります。他者、外国人や貧しい人、弱っている人に対してどう振舞っているか。裁いていないか。批判や非難がましいことを言って、排除していないか。

3　わたしたちが失われた魂であるということ

さて、大なり小なり、程度の違いこそあっても、わたしたちは基本的に神にあって失われた者であります。傲慢不遜の人がいるとすれば、そのゆえにこそ失われた者であり、権力亡者・拝金主義的な人がいるとすれば、それであるゆえに失われた者であります。

取税人マタイやファリサイ派のニコデモ、律法学者のサウロのちのパウロもまた、主イエスに見出されたものであります。

誰一人、神の前で失われた者でない人はいないのです。

自分が罪人であること、失われて、迷い出ている一匹の羊であること。そして神に捜し求められている者であることを知るとき、わたしたちはいのちを見出し、回復へと導かれるのです。

もう一度繰り返しますが、教会の伝道の根拠——見失われた者を捜し求める神

すべての者は見失われている存在、それは自己本位という形で見失われている。

本来のものを忘れ、依るべき方から離れている。

見出された時、わたしたちは告白します。神なしには生きられない者とされた。神の愛と恵みに立ち返ることで、再生した者である。そこに復活があった。

教会は喜びの教会です。

自発性があり、拘束・束縛がない。

しかし、神の言葉、聖霊に束縛されている。それを喜び、感謝とする。

愛の基本原則は強制ではない。しかし、そこには秩序があり思い遣りがある。

そういう教会へと主イエスは、わたしたちを導かれるのです。

祈りましょう。

神の国のバランスシート（マタイによる福音書18章15〜35節）

ライブドア事件が連日、テレビのニュースやバラエティ番組、新聞報道などを賑わしています。昨年秋からのニッポン放送株の買い取りを巡って、フジテレビとの対立、その1年前のプロ野球新規球団加盟とこの2年近く、話題を提供してきたライブドア社長ほりえもんこと堀江貴文《ほりえたかふみ》（1972〜）容疑者です。M&A（Merger and Acquisition『企業買収・合併）によって、グループ会社を増やし、大きく成長させてきたライブドアの堀江さんですが、ここにきて不明朗な会計処理と違反によって逮捕されました。

本日は、「神の国のバランスシート」と題しました。バランスシート（Balance sheet）とは、「貸借対照表」と訳されます。収支決算書ですね。収支のバランスがきちんとされていることをいいます。同じ金額になることです。何が収支のバランスなのか？　貸し借りです。

貸借対照表では、資産と負債で表します。資産は財産であり、負債は借金です。聖書的には、資産は神の恵み、赦しとでも言えるでしょう。それでは借金とは何か？　とが、瑕疵《かし》、罪ですね。そう単純に振り分けていいかどうか疑問ですが、栄枯盛衰という言葉をとってみても、栄える者は、いつか滅びるものだと思います。

ライブドアの堀江容疑者もその理《ことわり》の通りです。

1　幾たび赦すべきか

さて、仏の顔も三度までという諺があります。人の罪、とが、瑕疵を許すのに、慈悲の心を持つ仏さんも三度までは許すが、それ以上は駄目だよというわけです。

実は、旧約聖書にも同じような言葉があるのです。

アモス書1章3節から――

主はこう言われる。ダマスコの三つの罪、四つの罪のゆえにわたしは決して赦さない。彼らが鉄の打穀板を用い、ギレアドを踏みにじったからだ。

同6節――

主はこう言われる。
ガザの三つの罪、四つの罪のゆえに
わたしは決して赦さない。
彼らがとりこにした者をすべて
エドムに引き渡したからだ。

同じように、同9節、11節、13節と三つの罪、四つの罪と続きます。旧約の神様もわりと短気なんだと思う方もいらっしゃるかもしれませんね。三つ、四つの冒した罪というよりも罪そのものに対する神の裁きがここに現われています。

本日の聖書のところで、ペトロは赦しについて、この限度をはるかに超えて3回を二倍にし、さらに1回加えて7度と言います。そして、主イエスに褒められることを期待したのです。愛の主イエスの弟子としての忍耐強さをアピールしたかったのでしょう。

しかし、主イエスの答えは、期待はずれでした。マタイ18章21節から読みましょう。

そのとき、ペトロがイエスのところに来て言った。「主よ、兄弟がわたしに対して罪を犯したなら、何回赦すべきでしょうか。七回までですか。」

イエスは言われた。「あなたに言っておく。七回どころか七の七十倍までも赦しなさい。(22節)

7の70倍赦しなさいというのは、どこまでも赦すということです。徹底的に赦すことです。しかし、わたしたちは主の言葉を遮って言うでしょう。

「いや、わたしはそんなことはできません。傷つけられたのに、赦すなんてことはできません。むしろ徹底的にやっつけてやります。」

これがわたしたちの社会のやり方です。

なぜペトロは突然、こんな話をしたのでしょうか? 18章になって、この言葉が語られる。それは意味があるからなのですね。

ジグソーパズルをされた方はお分かりでしょうが、ひとつひとつの断片をつなぎ合わせて意味のある絵になります。何千、何万のピースがあっても、ひとつとして同じ形のピースはないのです。人間も同じです。何億の人間がいても、一人として同じ人間がいません。そして、聖書の言葉も同じで、ひとつひとつの言葉に意味があるのです。

そこに置かれた言葉の意味です。

2　神の国のバランスシート――決済を求める神

説教題は、はじめに「神の国の」という名前を付けました。冠です。主イエスは、16章のペトロによる信仰告白によって、ご自身の十字架と死を予告されます。17章から新しい展開に入っているのです。福音書はそのことを明確に宣言しています。

神の国の奥義が主イエスによって示されるのです。それは十字架であり、子どものようになること、赦すこと、愛すること、もっとも小さいものが尊重され、重んじられる。それが主イエスによってもたらされる神の国の祝福なのです。

神の国は、力や武器による支配・統治ではなく、愛と赦し、しもべとして仕えるところなのです。

赦しの反対は、憎しみ、恨み、暴力そして容赦ない無制限の報復です。愛とまことの神の国には相応しくないのです。

主イエスは、神の国について23節以下のようにたとえられました。決済という言葉を使われています。

決済は、帳尻をきちんとするということですね。精算することです。マイナスがあれば、返済しなければなりません。

24節に一万タラントンとあり、28節に百デナリとあります。

一デナリは、当時の労働者の一日分の給与と言われています。一タラントンは、６０００デナリオンです。たとえば、一日の賃金を一万円としますと、（それが高いかどうかはここでは考えません）、一万タラントンですから

6000億円になります。

金持ちの王様であり、それだけのお金を借りる家来は随分王様に信用されていたのだなあと思います。ところが、家来はそんなお金を返すこともできませんでした。何に使ったのか分かりません。

25～27節――

しかし、返済できなかったので、主君はこの家来に、自分も妻も子も、また持ち物も全部売って返済するように命じた。家来はひれ伏し、『どうか待ってください。きっと全部お返しします』としきりに願った。その家来の主君は憐れに思って、彼を赦し、その借金を帳消しにしてやった。

6000億円ものお金を帳消しにしてくれる王様は、気前がいいですね。

しかし次の28節以下を読むと、人間のこころの暗闇を感じます。

ところが、この家来は外に出て、自分に百デナリオンの借金をしている仲間に出会うと、捕まえて首を絞め、『借金を返せ』と言った。

百デナリオンは100万円ですね。6000億円ものお金を帳消しにしてもらったのに、この家来は100万円を貸した仲間を許すことなく、首を絞め、牢に入れたのです。

これを知った主君は怒ったのは言うまでもありません。32節以下がこの段落の結論であります。

ここでは、最初に申しましたように赦しがテーマです。徹底的に赦しなさい。それは、神ご自身がわたしたちを徹底的に赦されたからです。天文学的な負債を抱えているわたしたちを神は帳消しにしてくださったのです。主イエスの十字架によってです。

御子のいのちと引き換えに、わたしたちの負債をゼロにしてくださった。そこに神の憐れみがあります。

3　十字架の赦しと癒し

アラン・ペイトン（Alan Stewart Paton, 1903 ～ 1988）という南アフリカの作家についてご存知だと思います。彼の小説に『泣くがよい、愛する祖国よ』（Cry, The Beloved Country）があります。映画にもなり邦題は「輝きの大地」という名前で封切られました。ご覧になった方もいると思います。

南アフリカ共和国、有名なアパルトヘイト政策を国家は遂行します。黒人差別です。白人は徹底的に黒人を差別するのですが、差別を受けている黒人は自由と平等を掲げて白人と対立します。白人の政府は、反抗者である黒人を容赦なく弾圧します。暴力でもって。警官さえもが容赦なく、リンチし、拳銃で射殺するのです。

そこには、差別にある社会のいろいろな矛盾や苦悩が描かれています。黒人牧師クマロは、苦境に陥っている妹から手紙をもらいます。借金の肩で売春婦をさせられているのです。町に出向いて、妹を解放します。

しかし、事件が起きるのです。家出して消息が分からなくなった息子が白人の青年を射殺したという事件です。その白人は、クリスチャンで黒人差別をなくすために解放運動を熱心に行っていた青年だったのです。

荒れた社会の犠牲となった息子は、家出し非行に走り、殺人者となったのです。その父牧師の苦悩は辛いものでした。裁判の中で、息子は死刑を宣告されます。

また、小説は殺された息子の足跡をたどる父の姿が描かれています。なぜ、息子が黒人解放のために働いていたのか。それを調べるうちに、父は自分の内にある黒人に対する偏見や差別に気付き、それを息子の生涯と死のなかで克服して行こうとするのです。

そしてある日、加害者の父である黒人牧師と被害者の白人の父が偶然邂逅します。その時の二人の緊張感と話し合いは、大いに感動を呼びます。

その黒人差別の中で、真の解決は、「怒りよりも祈り、憎悪よりも癒しだ」ということになります。赦すことで、人は癒しを与えられる。赦さないとき、そこに地獄のような苦しみが消えない。

主イエス・キリストが十字架で死なれたのは、わたしたちに赦すことを教えられたのです。

「父よ、彼らをお赦しください。」

そう祈られました。主の祈りでもわたしたちは、日々祈ります。

「われらに罪を冒すものをわれらが赦すごとく、われらの罪をも赦したまえ」

わたしたちの愛と憎しみのバランスシートは、どうでしょうか？　ここでは愛がまさっている。資産であるキリストの恵みと愛が悪と罪と憎しみよりもはるかにまさっている。

そのようなバランスシートであることがわたしたちの人生を有意義にします。いやしと恵みが与えられるのです。

神の国での婚姻関係

（マタイによる福音書19章1〜12節）

人間の幸せとは何だろう、と時々考えることがあります。誰でもが幸せになりたいと願っていますし、そのために生きているようなものです。幸せとは生きる喜びでしょうか。不自由や不満もなく、心が満ち足りていることだと辞書にはありました。現代の状況は毎日のニュース、新聞報道を見る限り、不平不満が一杯の社会のような気持ちがします。

貧しさのために幸せを感じない人もいますし、病気のために生きる喜びもないという人もいます。貧しさや病気が幸せになることを妨げているとは思いません。お金があって、健康であることが幸せかと言えば、必ずしもそうではないと思います。人は、自分にないものを求めていくのでしょう。

さて、本日の聖書は結婚についての主イエスの教えが示されているところです。結婚は、幸せのひとつの形であると受け止められています。結婚が幸せをもたらすもの。そんな期待と夢が前提としてあります。話しがそれますが、日本という国は、想像以上に占いがもてはやされています。占いをしてもらう究極の目的は、いかにして幸せになるかです。自分の人生の行く末を、占い師に見てもらうのです。幾分のカウンセリング的な要素があるのですが、どちらにしてもそれは受身的だと思います。星座占い、手相、風水、タロット、四柱推命、いろいろありますが、ほとんどの関心事が恋愛、結婚、すなわち異性とのいい出会いがあるかどうかということに関してだと考えられます。それほどに、恋愛と結婚が人生の一大事として関心を持たれているのです。

1　伝統的な結婚観

聖書に戻りますが、ここではファリサイ派の人々が主イエスを試すために言います。３節ですね。

ファリサイ派の人々が近寄り、イエスを試そうとして、「何か理由があれば、夫が妻を離縁することは、律法に適っているでしょうか」と言った。

主イエスを挑発し、貶めるために離婚の問題をファリサイ派の人たちが質問します。イエス様の答えは、４節にあるとおりです。

イエスはお答えになった。「あなたたちは読んだことがないのか。創造主は初めから人を男と女とにお造りになった。」そして、こうも言われた。「それゆえ、人は父母を離れてその妻と結ばれ、二人は一体となる。だから、二人はもはや別々ではなく、一体である。従って、神が結び合わせてくださったものを、人は離してはならない。」

これに対して、ファリサイ派の人たちはなおも食い下がり、質問します。

すると、彼らはイエスに言った。「では、なぜモーセは、離縁状を渡して離縁するように命じたのですか。」

そしてイエス様の答え８節です。

イエスは言われた。「あなたたちの心が頑固なので、モーセは妻を離縁することを許したのであって、初めからそうだったわけではない。言っておくが、不法な結婚でもないのに妻を離縁して、他の女を妻にする者は、姦通の罪を犯すことになる。」

　牧師は結婚式を司式しますが、結婚を控えた二人のためにカウンセリングをして結婚の意味を話します。結婚式の時には、聖書のこととして、このイエス様の言葉を朗読します。厳粛であり、新しい家庭を築いていくために、畏れを感じます。


　しかしここでファリサイ派の人たちが主イエスを試そうとして訊ねた言葉は、からくりがあるのです。それは、当時の伝統的な考え方でした。つまり律法では、離縁は認められている。モーセがそう命じたのだ。それを前提として、主イエスに詰め寄ったのです。

「その律法に命じられていることを、あなたは否定するのか？」

　この3節の「何か理由があれば」の意味は、妻の不品行の場合ということです。妻の側の不貞、きちんと家の仕事をしないこと、子供が産まれないことなどが理由として考えられます。

　不貞に関しては、夫の場合はいいのかといいますと、これは許されているのですね。妻の側の問題の時、離縁が許されているのです。当時は、女性の経済力がほとんどない時代です。女性は父の所有物でしたし、結婚したら夫の所有物として夫の支配下にありました。女性は経済的にも精神的にも自立できない立場だったのです。

　その時代の中で、離縁は苦しい立場となります。簡単に再婚もできないでしょう。


　つまり、当時は絶対的に男性優位の社会でした。それは、最近まで続いています。その中で、主イエスがファリサイ派の人々と当時の伝統的な社会に対して言われたことが、４節なのです。

「創造主は初めから人を男と女とにお造りになった。」そして、こうも言われた。「それゆえ、人は父母を離れてその妻と結ばれ、二人は一体となる。だから、二人はもはや別々ではなく、一体である。従って、神が結び合わせてくださったものを、人は離してはならない。」

2　対等のパートナーとして

カトリック教会は離婚を禁じています。それはこの主イエスの言葉が言質としてあるからだと思います。しかし、このイエス様の言葉が離婚を禁じているとは一概には言えないのではないかと思うのです。

男性社会の中で男の横暴さ、身勝手さ、支配による隷属の中で女性を虐待し、人間扱いすることなく、ましてや対等のパートナーとしての尊敬と愛情もないままで結婚を維持することは困難であります。

神の前での平等と、パートナーとしての対等さを男性と女性が自覚して初めて健全な家庭を営み、子どもを躾け、育てることができるのです。神が合わせられた二人として、神の恵みを感謝し、互いを尊敬し、重んじることが結婚の大いなる喜びとなるのです。

そのことを夫婦が理解し、自覚し、助け合い、支え合う。慰めあい、励まし合えるときに、神と社会の前で一体となるのだと思います。

3　破れを克服する主イエスの愛

人間の社会では、古代から現代を通して、人間の破れ、夫婦の破れがあります。現代風に言えば、家庭崩壊といってもよいでしょう。聖書は、その根底に罪があるからといっています。神に反抗し、人間同士が争いあう。家庭で親子関係、夫婦も同じです。学校や職場においても、人と人との破れが生じます。誰がその破れを繕うでしょうか。そして何よりも、その破れの中で夫婦と親子が傷つけあっているのです。

もし円満な家庭があるとしたら、誰かが忍耐し、犠牲を強いられていると言っても過言でないと思います。それほどまでに、人間が対等であるというのは、難しいということです。

その破れを繕い、克服されたのが、主イエス・キリストにほかありません。主の十字架と死がすべての人の傷を癒し、破れを回復し、新しい人間関係へと導くのです。それは、自分自身の罪、自己中心性、傲慢を自覚した時に気づく神の恵みです。

新しい人になること。神によって造りかえられた新しい人間になることが、人と人との関係が愛と友情によって結ばれるものとなるのです。神との関係が、人との関係を新しくするのです。

東北で交わりがあった夫妻のことを紹介します。若いときに、大恋愛をして結婚します。運命的な出会いと信じて、熱中します。駆け落ちをするくらいに、互いにのぼせ上がったのです。しかし、一緒に住むようになって、互いの欠点や癖が目に付き、生活習慣と性格が合わなくなって、喧嘩が絶えなくなります。傷つけあう言葉を投げつけ、怒りの感情をもろに露わにします。そして、とうとう離婚しました。

それから、この夫婦は別れ別れになったのですが、あるとき、女性がキリスト教に出会います。教会に行くようになり、聖書を読むようになって、このイエス様の言葉に釘付けにされます。

「神が結び合わせてくださったものを、人は離してはならない。」

苦しさを覚え、神の前で祈ります。心が乱れ、苦しくなるのです。ある時、分かれた夫に連絡をして、自分はクリスチャンになった。以前はわたしの罪と短気からあなたを傷つけたかもしれない。今は、神を信じている。

そういう手紙を書いて送ったのです。すると、夫であった男性から手紙が来て、自分も同じ気持ちだ。そういうことから、二人は再会して新しい気持ちで出直そうと決心したのです。再婚したのです。いのちのことば社にその証しの記事が20数年前に掲載されていました。個人的に知る機会となったのですが、今二人は牧師として牧会しています。

美談として紹介したわけではありません。同じ牧師家庭でも、離婚した夫婦を幾組か知っています。それぞれが神の召しとして確信し、違う道を進んでいます。

現代は多様な価値観の社会です。教会の中でも、社会と同じ次元でいろいろな問題が生じることが多々あります。教会の中だけは、違う。そのようなことは言えないのです。

大切なことは問題が生じた時に福音によって対処していくこと、イエス様ならどうされるか。それを推し量りながら、慰めと希望を見出すように信仰を働かすことだと思います。

人を活かすこと、いのちを与えること、互いに支えあうこと、どんな状況にあっても愛すること。これが福音に生かされている信仰者のあり方だと思うのです。それは同時に、裁かないこと、批判しないこと、攻撃しないこと、排除しないことを意味します。

キリストの十字架はそのためであることを信じましょう。十字架の本質は神の愛と赦しです。赦されている者が、神の国においても赦しあい、愛し合うのです。

神の国は、キリストの十字架によって贖われた者の愛の交わりなのです。これは、究極的な神のミステリオン（奥義、神秘）です。神と教会、花婿なるキリストと花嫁なる教会、それはわたしたちキリストを信じる者のことです。祈りましょう。

神の国と子ども（マタイによる福音書19章13～15節）

今日は、教会学校の子どもたちとの合同礼拝です。メッセージは子どもたちに合わせています。

イエス様は、こどもが大好きなんですよね。いつも子どもたちに囲まれていたのではないかと思います。幼稚園の先生ってそうだよね。いつもにっこりして、優しいよね。先生のところに近づくと、石鹸のにおいがしてお母さんのようで気分が楽になるよね。

小学校に上がると、先生ってなんだか恐くて、近寄りがたいよね。いつも勉強のことしか言わないし。一緒に遊んでくれないしね。何だか権威的って感じでね。

権威的っていうのは、「わたしの言うことは正しいのだから、わたしの言うことをきちんと聞いて、従いなさい」っていう態度かな……。言葉にも態度にもそれが現われているんだな……。

これって、みんな好き？

今日の聖書もちょっと権威的な人が出てきます。もう一回、読んでみるね。

そのとき、イエスに手を置いて祈っていただくために、人々が子供たちを連れて来た。弟子たちはこの人々を叱った。しかし、イエスは言われた。「子供たちを来させなさい。わたしのところに来るのを妨げてはならない。天の国はこのような者たちのものである。」

そして、子供たちに手を置いてから、そこを立ち去られた。

弟子たちって、イエス様を信じている人のことだよ。イエス様のことをよく知っているはずなのに、イエス様のこころが分かってないんだね。前にも、こんな聖書があったんだよ。18章の1節からだけれど、ちょっと読んでみるね。

そのとき、弟子たちがイエスのところに来て、「いったいだれが、天の国でいちばん偉いのでしょうか」と言った。そこで、イエスは一人の子供を呼び寄せ、彼らの中に立たせて、言われた。「はっきり言っておく。心を入れ替えて子供のようにならなければ、決して天の国に入ることはできない。自分を低くして、この子供のようになる人が、天の国でいちばん偉いのだ。わたしの名のためにこのような一人の子供を受け入れる者は、わたしを受け入れるのである。」

「イエス様は忙しいのだから邪魔だ、邪魔だ。お前たちのような子どもがイエス様に近寄っちゃ駄目だ。」さっきまで、子供のようにならないと天国に入れませんよ。そうイエス様が言われたのに、弟子たちは子供たちがイエス様のところに近づくのを拒んだのです。それって、おかしいよね。イエス様のおこころを一番よく知っているはずなのにね。

それはね、小さな子、社会的にも貧しい人、弱っている人を軽んじてはいけませんよというイエス様のおこころなんです。イエス様のおこころは何かというね、愛というのです。

愛は自慢せず、高ぶらない。礼を失せず、自分の利益を求めず、いらだたず、恨みを抱かない。（Ⅰコリント13・4〜5）

イエス様はどんな人にもそういう態度です。「礼を失せず」。今日、みなさんはこの言葉を覚えてね。大切な言葉です。失礼のないようにということです。無礼を働かないということです。無視したり、軽く扱わない。「あっち行けとか、お前なんかいないほうがいい」なんて言って、侮辱しないようにしましょう。

愛のこころは、どんな人に対しても優しく、受け入れる態度なのです。

だから、子供たちを無視したり、馬鹿にしたりするようなそんな弟子たちをイエス様は逆に叱って、子どもたちの頭に手を置いて祝福されたのです。その時、イエス様は何をされたかというと、イエス様をやっつけようとしている悪い大人に囲まれていじめられていたんだよ。論争といってね、

そんな時に、「人々が子供たちを連れてきた」って書いてあるんだけど、その人々って誰なのかなと考えるんだ。多分、弟子たちや権威ある人から軽んじられてきた人たちだと思います。女性とか貧しい人だね。ルカによる福音書には「乳飲み子までも連れてきた」と書いてあるんだ。赤ちゃんだね。イエス様はどんなに忙しくても、赤ちゃんを抱っこしたと思います。

それはイエス様のこころが和むことになったからですね。和むっていうのはね、気持ちが落ち着き、穏やかになることです。リラックスすることかな。

みなさんも気持ちが一番なごむのは、どういう時かな？

さて、今日は気持ちがさわやかになるお話をします。新聞に出てたのを読んで、「あっ、これいいな。みんなに聞かせたい話だな」、そう思いました。

それはこういうお話です。実際にあった話だよ。知っている人もいるかもしれません。

それは、ある小学校の話です。小学校の5年生の男の子がいました。そして担任の先生は、女性でした。

その先生が五年生のクラス担任になった時、一人、服装が不潔でだらしなく、どうしても好きになれない少年がいた。先生は少年の悪いところばかりを記入するようになっていました。

あるとき、少年の一年生からの記録が目に止まったのです。

「ほがらかで、友達が好きで、人にも親切。勉強もよくでき、将来が楽しみ」とある。

間違いだ。他の子の記録に違いない。先生はそう思ったのですね。

二年生になると、「母親が病気で世話をしなければならず、時々遅刻をする」と、書かれていました。

三年生では「母親の病気が悪くなり、疲れていて、教室で居眠りをする」

後半の記録には「母親が死亡。希望を失い、悲しんでいる」とあり、
四年生になると「父は生きる意欲を失い、アルコール依存症となり、子供に暴力をふるう」

先生の胸に激しい痛みが走りました。

ダメと決め付けていた子が突然、深い悲しみを生き抜いている生身の人間として、自分の前に立ち現れてきたのです。

先生にとって目を開かれた瞬間でした。

今までの記録を読んで、その放課後、先生は少年に声をかけました。

「先生は夕方まで教室で仕事をするから、あなたも勉強していかない？分からないところは教えてあげるから」少年は初めて笑顔を見せた。


それから毎日、少年は教室の自分の机で予習復習を熱心に続けた。授業で少年が初めて手を上げた時、先生に大きな喜びがわき起こった。年は自信を持ち始めていた。


クリスマスの午後だった。少年が小さな包みを先生の胸に押し付けてきた。あとで開けてみると、香水の瓶だった。亡くなったお母さんが使っていたものに違いない。

先生はその一滴をつけ、夕暮れに少年の家を訪ねた。

雑然とした部屋で独り本を読んでいた少年は、気がつくと飛んできて、先生の胸に顔をうずめて叫んだ。


「ああ、お母さんの匂い！　きょうはすてきなクリスマスだ」


六年生で先生は少年の担任ではなくなった。

卒業の時、先生に少年から一枚のカードが届いた。

「先生は僕のお母さんのようです。

そして、いままで出会った中で一番すばらしい先生でした」

それから六年。
またカードが届いた。
「明日は高校の卒業式です。
僕は五年生で先生に担当してもらって、とても幸せでした。
おかげで奨学金をもらって医学部に進学することができます」

十年を経て、またカードが来た。
そこには先生と出会えたことへの感謝と父親に叩かれた体験があるから、
患者の痛みが分かる医者になれると記され、こう締めくくられていた。

「僕はよく五年生のときの先生を思い出します。
あのままだめになってしまう僕を救ってくださった先生を、神様のように感じます。
大人になり、医者になった僕にとって最高の先生は、
五年生の時に担任してくださった先生です」

そして一年。
届いたカードは結婚式の招待状だった。

「母の席に座ってください」と一行、書き添えられていた。

単なる美談ではありません。

わたしたちの日常生活の中で、ちょっとした言葉、心遣いが人を活かし、生きる力、勇気、励ましを与えることがあるのですね。

また、心弱っている人、くじけている時、孤独な時に親切にされたり、優しくされると勇気が湧き、生きる喜びを持ちます。人生も捨てたものではない。人間も希望がある。そう思いますね。

イエス様は、わたしたちにそのような人になるように期待されています。

教会学校に来るお友だち、教会礼拝に来られるわたしたちはこの社会の中で、比較的恵まれているように思います。

苦しんでいる人たち、弱っている人たち、病んでいる人たちがいます。お友だちになって優しくしましょうね。

神の眼差し（マタイによる福音書19章16～30節）

2月10日から26日までイタリアのトリノにおいて冬季オリンピックが行われました。女子フィギュアスケートで荒川静香《しずか》（1981～）さんが金メダルを獲得しました。

テレビや新聞報道その他のメディアの報道については、皆さんご存知のように、大変なフィーバー（熱狂ぶり）です。まさに一夜の内に荒川さんは国民的英雄になりました。

荒川静香選手のあの優雅な姿。イナバウアーというのですね。上体を大きく後ろに反らせて、一定の長い時間を保ちながら滑る。

スケートの演技の伴奏であったプッチーニ（Giacomo Antonio Domenico Michele Secondo Maria Puccini, 1858～1924）作曲、オペラ「トゥランドット」（Turandot）の音楽もよかったですね。トゥランドットとは、中国の皇帝の娘の名前です。大層な美しさで、その評判を耳にして妻にしたいと申し出る他国の王子たちがひっきりなしにやってくるのです。トゥランドットは彼らに三つの謎をかけて、三つとも答えたら妻になる。しかし、一つでも違った答えをしたら、首を刎ねるという残酷なお姫様でもありました。その犠牲になった王子たちは20人に及びます。

ある時、ダッタン人の王子カラフがこの姫の挑戦を受けます。一つ目の謎を言います。

「暗い闇夜に飛び交い、暁とともに消え、人の心に生まれ、日毎に死に、夜毎に生まれるものは何か?」

何だと思いますか？　カラフは答えます。それは「希望」であると。

同じように、後の二つの謎の答えは、血、愛（トゥランドット）となります。こうして、カラフはトゥランドットを妃《きさき》として妻とし、ハッピーエンドでオペラは終わります。本当は、オペラの内容はもっと残酷なのですが。

1　永遠のいのちへの問いかけ

さて本日の聖書ですが、一人の金持ちの青年が主イエスのところに近寄ってきて言います。

「先生、永遠の命を得るには、どんな善いことをすればよいのでしょうか。」

イエスは言われた。「なぜ、善いことについて、わたしに尋ねるのか。善い方はおひとりである。もし命を得たいのなら、掟を守りなさい。」男が「どの掟ですか」と尋ねると、イエスは言われた。「『殺すな、姦淫するな、盗むな、偽証するな、父母を敬え、また、隣人を自分のように愛しなさい。』」

そこで、この青年は言った。「そういうことはみな守ってきました。まだ何か欠けているでしょうか。」（16～20節）

この青年は、主イエスの評判を聞き、自分にないものを求めていたのだと思います。掟というのは、律法ですね。神の命令です。その律法の要求をことごとく行ってきました。しかし、心の底から満たされるものがなかったのです。平安、心からの喜び、感謝、人生のなかで一番よいものに欠けていたのです。

それは、この青年の問いの中にあります。

「先生、永遠の命を得るには、どんな善いことをすればよいのでしょうか。」


「律法が要求する善いことをすべて行ってきた。しかし、まだ何かが足りない。自分には『永遠のいのち』がない。」

そう、この青年は感じ、それを求めていたのです。しかし、その答えが見つからない。そこで、主イエスの評判を聞いて、質問するために近寄ってきたのです。

主イエスの答えは、21節でした。

「もし完全になりたいのなら、行って持ち物を売り払い、貧しい人々に施しなさい。そうすれば、天に富を積むことになる。それから、わたしに従いなさい。」

この話は「富める青年の話」と言われています。マルコやルカによる福音書にもこの青年は登場してきます。ルカでは、議員であると記されています。またマルコ10章21節には、このように記されています。

イエスは彼を見つめ、慈しんで言われた。「あなたに欠けているものが一つある。行って持っている物を売り払い、貧しい人々に施しなさい。そうすれば、天に富を積むことになる。それから、わたしに従いなさい。」

主イエスが慈しみをもって見つめられた、その眼差しとは何でしょうか？

そして、この話しを通して何をわたしたちに語りかけているのか？　これが大切な問題として提示されるのです。それは、従うということです。このテーマは20章においても、続きます。この青年は従ったでしょうか？

2　富か、いのちか

22節——

青年はこの言葉を聞き、悲しみながら立ち去った。たくさんの財産を持っていたからである。

青年の態度に主イエスは言われます。

「はっきり言っておく。金持ちが天の国に入るのは難しい。重ねて言うが、金持ちが神の国に入るよりも、らくだが針の穴を通る方がまだ易しい。」

弟子たちはこれを聞いて非常に驚き、「それでは、だれが救われるのだろうか」と言った。イエスは彼らを見つめて、「それは人間にできることではないが、神は何でもできる」と言われた。すると、ペトロがイエスに言った。「このとおり、わたしたちは何もかも捨ててあなたに従って参りました。では、わたしたちは何をいただけるのでしょうか。」（23〜27節）

このやり取りを見ていると、現代社会の傾向を見るように思います。

ホリエモンこと堀江貴文容疑者については、連日報道されていましたが、この2週間は、衆議院選挙にまつわる自民党幹事長武部 勤氏の次男への3千万円振り込みの偽メール問題で国会が揺れ動きました。ライブドア事件の真相解明がわき道に逸れたように思います。それにしてもホリエモンこと堀江容疑者は、全盛時代、その著書で「金で人の心も買える」と豪語したとのことです。

拝金主義の行き着くところです。そう思っても、普通は敢えて言わない、本にしない。これが経営者や資産家、金持ちの知恵であります。自己抑制があるのです。しかし、マモン（富）を飽くことなく追い求め、獲得しようとする現代人は、マモン（富）に支配され、牛耳られ、自らがその奴隷であることも知ることがないのです。もちろん、自己抑制もありません。

その行く着くところが自殺、殺人、犯罪、欲望です。ホリエモンが逮捕された直後に元側近であったエイチ・エス証券副社長野口英昭さんが沖縄で自殺したことは、その最たる証拠です。

ドストエフスキー（Fedor Mihajlovič Dostevskij, 1821 ～ 1881）の小説『悪霊』の政治版が浅間山荘事件などを起こした連合赤軍だとすれば、『悪霊』の経済版が今回のライブドア事件だと考えます。

バブル後の日本経済が衰弱の一途で出口が見えない時に、ベンチャー企業で成功した人たちが、マモン信仰の伝道師として富を賛美しました。それにマスコミが一緒になって、マモン礼拝とマモン信仰を国民に煽り、駆り立てたのです。

3　何を信じ、何に従うか

現代は、目に見えないもの、忍耐して成長を見守るということに欠けているように思います。すぐに結果を求めます。発展しているか、伸びているか、大きくなっているか。株などは毎日、上がったり、下がったりしてすぐに分かります。面白いのです。駆り立てるものがあります。欲望の飽くなき追求と充足です。

しかし、神に従う。自分を捨てる。すべてを捨てて、主イエスに従うなどということは愚かなことであり、一般には考えられないことでしょう。

ペトロが主イエスに応答します。16章において、信仰告白しました。それを確認しつつ、もう一歩踏み込むのです。27節――

ペトロがイエスに言った。「このとおり、わたしたちは何もかも捨ててあなたに従って参りました。では、わたしたちは何をいただけるのでしょうか。」

ペトロの告白はとても打算的に見えますが、同時に神の約束でもあるのです。主イエスの答えは次の通りです。
29節──
わたしの名のために、家、兄弟、姉妹、父、母、子供、畑を捨てた者は皆、その百倍もの報いを受け、永遠の命を受け継ぐ。

これは初代教会の信仰者への約束であり、慰めでもありました。

さて、日本基督教団発行の『信徒の友』3月号にこういう記事がありました。久米あつみさん（フランス文学者、ひこばえ幼稚園主事、1933～）の〈信仰者の肖像〉という連載記事に小原安喜子さんのことが記されています。小原安喜子さんについては、わたしも個人的に存じ上げている方です。岩手にいた時、何度か礼拝に出席されたことがあります。ハンセン病医療のために一生を捧げられました。牧師、看護師、医者でもありました。その生涯のエピソードが『信徒の友』に記されています。

父は小原十三司牧師、母は徳川鈴子さん（水戸徳川家の血筋でした）。10人娘の末っ子。『信徒の友』には、幼小の時に母からダミエン神父の生涯を寝る前の話に聞き、そのことを心の奥に潜ませて育ったとあります。

ハンセン病の医師として、生涯独身でアジア諸国で医療に尽くされました。久米あつみさんとの関係ではこのように記されています。

進学で、「どこ受けるの？」と訊ねた時、「私ね、日曜日に試験をする大学は失礼するの」と答えたとのことです。日曜日は、礼拝に行き、神の前に静まる。これが小原家の信仰でした。

しばらくお読みします。

「進学適性検査が日曜日に当たった。受験生はこの検査を受けることが義務づけられていたので、これを受けなければ事実上大学受験はできない。ところが試験当日、彼女は試験場に現われなかった。翌日彼女は何事もなかったように私たちを迎えた。その平静な顔を見たとき私は、彼女の信仰の徹底したあり方を思い知らされ、体の中心を揺すぶられるほどの衝撃を受けた。」

オリンピックの選手で日曜日に競技がある種目に、聖日厳守をもって、競技に出ない選手がいました。「炎のランナー」（原題：Chariots of Fire, 1981）という映画がありました。

命がけで信仰を守った人たちがいたのです。そういう人たちに対して、神は決してそのままに終わらせることはなさらないのです。わたしたちは信仰を守ることで、この世との葛藤があります。仕事、付き合い、結婚、子育て、あらゆることで、信仰を妨害するものが現われます。

受験に落ちても、就職できなくても、結婚にしても、神は必ず別の道を備えてくださっておられる。

これがわたしたちの信仰です。

永遠の命を受け継ぐ者とされたことを喜び、感謝し、信仰を守りぬこうではありませんか。

愛は与える（マタイによる福音書20章1～16節）

レントの期間を過ごしています。四旬節とも受難節とも言います。もともと、洗礼の準備期間でした。昔は復活日に洗礼を受ける洗礼志願者の準備として、主イエスが公生活のはじめに荒れ野で40日間断食をされたことにならい、40日の祈りと節制をする期間としてはじめられたものです。

やがて、すでに洗礼を受けた人も洗礼を受けた時の志をもう一度新たにするために、全教会で行われるようになったそうです。レントは、キリストの死から復活への過越の神秘にあずかる信仰を確認する時でもあります。

さて、わたしのことを申し上げて恐縮ですが、１９７６年のクリスマス礼拝で洗礼を受けました。青年時代はいろいろ迷い遠回りをしましたが、27歳で洗礼を受けました。受洗後すぐに教会学校の教師になりました。そのときの牧師から教会学校の教師をやってくれないかと頼まれたものですから、断れませんでした。はじめて受け持ったのが、５、６年生でした。分級時間が大変でしたね。何をしたらよいか分からなくて、遊んでばかりいました。

しばらく様子を見るようにとのことで、礼拝説教はしなくてすんだのですが、３か月後から説教もするようにと言われ、はじめて説教をしました。忘れもしません。そのときの説教はこのマタイによる福音書の20章からだったのです。

子供たちにこの聖書をどのように語ればよいのだろうかと悩みました。何せ、受洗したばかりです。３か月しかたっていません。クリスチャンのなりたてなのです。ほかほかの一年生、いや幼稚園児といってもいいかと思います。皆さんが教会学校の教師なら、どう話をされますか？

1　一日分の賃金契約

聖書を読みますと、すぐにこれは天国のたとえだと分かります。1節にそう書いてあるとおりです。お読みします。

天の国は次のようにたとえられる。ある家の主人が、ぶどう園で働く労働者を雇うために、夜明けに出かけて行った。

主人は父なる神様、ぶどう園は神の国、天国です。そして労働者とはクリスチャン、わたしたち信仰者です。これが一般的な解釈です。当時のユダヤでは、今のように職業安定所はありません。働いて賃金を得たい人は広場に行き、自分を雇ってくれる人を待っているのです。

そして2節にあるように、「主人は、一日につき一デナリオンの約束で、労働者をぶどう園に送った」のです。賃金の一デナリオンは当時の日雇い労働者の一日分の給料だと言われます。

こうして、いくつかのグループができました。「夜明け」に雇われた労働者たちのグループ（1節）。9時ごろに雇われた労働者のグループ（3節）、12時ごろと3時ごろ（5節）、5時ごろ（6節）に雇われたグループです。

主人は常雇いと申しますか、自分の農園に働く正規の社員を抱えていたと思います。ぶどうの収穫時期になり、早く収穫しなければ雨季になる。その切迫した事情の中でアルバイト社員とパート職員を採用して、ぶどうの収穫の働きに従事させるのです。

好景気に沸いて、急遽生産を拡大するためにアルバイト社員、パート労働者を雇用するようなものですね。

一日が終わりました。さあ給料支払いです。8節――

夕方になって、ぶどう園の主人は監督に、『労働者たちを呼んで、最後に来た者から始めて、最初に来た者まで順に賃金を払ってやりなさい』と言った。

当時は朝6時から夕方6時までの12時間労働だそうです。ですから、5時に採用された労働者は一時間しか働いていないのです。その人たちに、主人は1デナリオンを支払いました。順々に1デナリオンを支払っていた時、朝から一日中働いたグループは、

「おれたちは、12デナリオンはもらえる」

そう心の中で期待していたと思います。しかし、監督は1デナリオンしか支払わなかったのです。

「これでは、不公平ではないか」

そう一日中働いたグループは、不平不満をもって主人にぶつけました。

10～12節――

最初に雇われた人たちが来て、もっと多くもらえるだろうと思っていた。しかし、彼らも1デナリオンずつであった。それで、受け取ると、主人に不平を言った。「最後に来たこの連中は、一時間しか働きませんでした。まる一日、暑い中を辛抱して働いたわたしたちと、この連中とを同じ扱いにするとは。」

これでは、労働組合は黙っていませんね。革命が起こるかもしれません。主人はおれたちを搾取していると。

このたとえを教会学校の子供たちにすると、子供たちは「ぶどう園の主人は横暴だ。もっと公平に賃金を払わないといけない」と言いました。その通りなのです。

でも、ぶどう園の主人は答えます。13〜15節——
「友よ、あなたに不当なことはしていない。あなたはわたしと一デナリオンの約束をしたではないか。自分の分を受け取って帰りなさい。わたしはこの最後の者にも、あなたと同じように支払ってやりたいのだ。自分のものを自分のしたいようにしては、いけないか。それとも、わたしの気前のよさをねたむのか。」

2　神の気前よさ

ここを読むと、いろいろ考えさせられることがあります。神の気前のよさは、後から来た人に向けられていて、最初の人たちではないということです。気前がいいのなら、一日中働いたグループにたっぷりとボーナスを支払えばいいのに。そう、わたしは思います。それが気前のよさではないか。

気前のよさと訳されている言葉は、完全の意味があります。神は気前がいいと同時に、完全なのです。神の完全さに、悪く言うあなたは何者か？　そういうことも考えられます。

それでもなお、そうかなと考えさせられます。

でも、このたとえは神の国のたとえなのです。この世の原理ではないのです。資本主義の原理ですね。多く働いた人は、多く報酬をいただく。総理大臣の小泉純一郎（1942〜）さんは、いわゆる「小泉改革」を断行する中で、「痛みを伴う構造改革はやむをえない」と訴えました。その結果、日本社会は二極化の傾向が激しくなっています。持てる者と持たざる者、成功者と失敗、勝ち組と負け組みの二極化が強くなっているのです。医療制度も年金制度も弱者にしわ寄せが襲っています。

小泉さんは、それもやむをえないと言っているのです。

「働かざる者は、喰うべからず」。強引な改革の行く末は、弱者切捨てへとつながります。

自殺者の急増、ニート（NEET、Not in Employment, Education or Training、「就業、就学、職業訓練のいずれもしていない人」）人口の急増、犯罪の多発、少年・若年層犯罪の急増など社会が病んでいます。

これが、この世の原理でもあるのです。しかし、神の国の原理は、いつも弱い人たちに向けられているのです。

ぶどう園の主人の話に戻りますが、常雇いの労働者がいたでしょうし、アルバイトやパートを雇用しています。そのほかに9時や12時、3時、5時にわざわざ市場に出向いて仕事にあぶれて、虚しく立っている人たちを雇用したということです。とくに夕方の5時に人を雇うのは、考えられないことです。しかもその人たちから賃金を支払う。早朝から働いた人たちを無視したということではなく、ここではあくまで弱い人たちに対する眼差し、神の恵みを言っているのです。

7節――

彼らは、「だれも雇ってくれないのです」と言った。

主人は彼らに、「あなたたちもぶどう園に行きなさい」と言った。

これが神の気前のよさです。誰も助けてくれない、孤独だ、どこにも行くところがない、誰も声をかけてくれる人がいない。そういう人に神は、気前がよい。「九十九匹の羊」を残して一匹を捜し求める神です。恵まれた兄の不平不満を承知で、あえて弟の放蕩息子の回心を喜び気前よく宴会を振舞う父親の気前よさです。

3　最初に雇われた労働者の場合

早朝6時に雇われた人の立場はどうなるのでしょうか？　このたとえは、神の愛と恵みをテーマにしていますが、同時に雇われた人の恵みをもテーマにしているのです。賃金は、永遠のいのちです。神からいただくいのちです。救いなのです。ですから、これは大きさとか多さという量の問題ではありません。誰でも等しく、神の国に招かれているという恵みなのです。招かれて、召される神の国の栄光に差別はありません。神の国の恵みに与ったことを共に喜び、感謝しあう。これが神の国の祝福なのです。これが教会でもあります。

先に救われ、洗礼を受けた人は、誰よりも多く神の国のために働くという栄誉をいただいているのです。それだけ、神の愛と神の国のことを知っている。いつも一緒にいることの幸いを感じているのです。

神の国で働くことは、幸いなのです。この世の労働はどうでしょうか？　いやでいやでたまらない。労働が苦痛だ。不幸だ。仕方なく働いている。家族を養うために。ストレスだらけだ。教会も同じだ。牧師がいやだ。あの人がいやだ。

生かされている幸いは、神が与えられた今、ここを感謝し、生きることだと思います。それに従順でいる時、神は不思議に新しい力、能力、カリスマを与えられるのです。本人が思いもしなかった人生の道が開かれるのです。それが神の恵みであり、祝福です。

本日礼拝後に西澤兄の三周年の記念会があります。田村兄と小柳兄のご労苦により立派な追悼の『記念誌』ができました。西澤兄は誰よりも教会のために、神の国のみわざのために励まれた方であろうと思います。『記念誌』を読まれれば、その働きが分かります。教会の役員として、教会学校の校長先生として、幼稚園の理事として大きな足跡を残されました。

「社会的な仕事も沢山して、その上教会の仕事もいっぱいしてきた。献金もした。もったいない。損をした」そのようなことは、考えることもなかったでしょう。むしろ、「神と教会のために働いて光栄でした。喜び、感謝でした。時間と宝を捧げることができて感謝です。今あるは、神の恵みです」。それが西澤兄の実感だと思うのです。

神はご自身を与える方です。そこに神の気前よさがあるのです。完全さです。

神がご自身を与えるのは、イエス・キリストを通してです。ひとり子なるイエス・キリストを与えるほどにわたしたちを愛された。ここに神の究極的な愛のかたちが現されます。

感謝し、応答する信仰をもって、わたしたちも日々歩みましょう。

お祈りします。

愛は仕える（マタイによる福音書20章17〜28節）

京都の山科に一灯園《いっとうえん》という施設があります。わたしの出身教会のすぐ近くにあり、そこに入居されている方が数人、日曜日の礼拝に出席されていました。

一灯園は西田天香という宗教者によって始められました。ネットで検索すると、こんな記事が紹介されています。

「1905年（明治38）西田天香が開創した宗教的生活団体、また、その道場。京都市山科区にある。無我と離欲に徹し、托鉢《たくはつ》・奉仕・懺悔《ざんげ》を精神修養の行としつつ共同生活を営む」

また、別のところには、このような記事がありました。

「はじめ京都鹿ケ谷で一灯園を開設，懺悔生活を始め、〈おひかり〉による内面的救済を求め、無所有の共同生活をめざした。一灯園はのち京都山科に移り、本部光泉林《こうせんりん》、諸学校施設などをもち、多数世帯の大家族的生活が実践されている」

この一灯園は、会社の研修施設としても用いられ、関西方面の会社が自社の社員の精神修養を託しているのです。その修養の一環として、座禅、掃除があり、とくに地域の家々を廻ってトイレの掃除をするのです。

ピンポーン、と家のチャイムを鳴らして、玄関に出ると、いきなり見知らぬ男が立っていて、「お宅のトイレ、掃除させてください」と頼んでくるのです。家の奥さんは、はじめはびっくりして躊躇するのですが、

「どうしてもお願いします。一灯園の社員研修として廻っているのです」。そうしきりに頼み込むと、

「仕方ないな。じゃあ、どうぞお願いします」と家の奥に入れて、トイレ掃除をしてもらうのです。このごろは、すっかり慣れてきて、

「早く一灯園から研修生来ないかしら……」とトイレ掃除をしてくれるのを待ち遠しくなるようですが。

猛烈社員という言葉が流行った時代、どこの会社も社員教育を行っていましたが、その中にこういう教育、修養があったのですね。

1　三度目の受難予告

さて、本日の聖書ですが、主イエスは三度目の受難の予告をされるところから始まります。17節からお読みします。イエスはエルサレムへ上って行く途中、十二人の弟子だけを呼び寄せて言われた。「今、わたしたちはエルサレムへ上って行く。人の子は、祭司長たちや律法学者たちに引き渡される。彼らは死刑を宣告して、異邦人に引き渡す。人の子を侮辱し、鞭打ち、十字架につけるためである。そして、人の子は三日目に復活する。」

マタイでは、ここから主イエスの受難の記事が始まります。主イエスは、三度ご自身の受難と死、それからの復活を弟子たちに予告されます。三度、予告されると言うことは、確実に起きるという強調です。「よく、わきまえていなさい。これから起きることをよく、見ていなさい」、ということです。

何度か申し上げましたが、第一回目は、ペトロの信仰告白の後（16章）、二回目は17章、姿変わり（変貌）の後でした。そして、三回目。ここからいよいよ受難の出来事が始まります。二回目と三回目の間の記事の意味も興味深いです。

第一回の予告の後、ペトロが否認しました。そんなことがあってはなりませんと。受難は、メシアにふさわしくないのです。もし、そんなことがあっても、神は大きな逆転を起こして、天地がひっくり返るように、イエスがメシアとしての真の姿を現してくださるだろう。そんな期待があったかもしれません。

第二回目の予告の後でも、「天の国で誰が一番偉いか」と仲間喧嘩を始めるのです。

18章1節から。

そして、第三回目の後でも、ことの真相を理解しない弟子たちの姿を言い表しています。ここでは、ゼベダイの子らの母による誰が天国でえらいのかという問いかけです。

20～21節です——

そのとき、ゼベダイの息子たちの母が、その二人の息子と一緒にイエスのところに来て、ひれ伏し、何かを願おうとした。イエスが、「何が望みか」と言われると、彼女は言った。「王座にお着きになるとき、この二人の息子が、一人はあなたの右に、もう一人は左に座れるとおっしゃってください。」

ゼベダイの子らというのは、ヤコブとヨハネの兄弟を指します。主イエスの弟子の中でも、特別の意味を持った弟子です。

主イエスが王として君臨される時、大臣のような高い地位にしてくださいという、母としてのとりなしでもあります。息子可愛さ、教育ママの走りですね。

それを聞いたほかの弟子たちは、立腹します。

24節——

ほかの十人の者はこれを聞いて、この二人の兄弟のことで腹を立てた。

これは18章と同じシチュエーション（situation）です。そこで主イエスは言われます。

そこで、イエスは一同を呼び寄せて言われた。「あなたがたも知っているように、異邦人の間では支配者たちが民を支配し、偉い人たちが権力を振るっている。しかし、あなたがたの間では、そうであってはならない。あなたがたの中で偉くなりたい者は、皆に仕える者になり、いちばん上になりたい者は、皆の僕になりなさい。人の子が、仕えられるためではなく仕えるために、また、多くの人の身代金として自分の命を献げるために来たのと同じように。」（25～28節）

2　愛の極み

主イエスの弟子は12人いたわけですが、主イエスは弟子たちを競い合わせることはなさらなかったと思います。小泉さんは、後継首相を競い合わせていますが。

しかし、弟子たちは互いにライバル意識をもって、張り合っていたでしょう。人間ですから。牧師も同じです。結構、互いに気にするものです。隣の教会は、礼拝出席はうちより多いとか、謝儀（給料）が高いとか、何人洗礼を受けたとか。互いに励まし、慰めあうことが大切なのですが、変に競争意識を持ち、ライバル心を持ったりしがちです。

教団が違うと、まったく無関心になります。主にある同労者のはずが、無視したり、無関心になったり、時に賞賛を得たいとの欲求を持っているのです。プライドが高くて、お山の大将でいたがります。隣の芝生は……です。比較してしょぼんとなって、劣等感となったり、優越感をもったりしがちです。

ヘンリー・ナウエン（Henri Jozef Machiel Nouwen, 1932～1996）というカトリックの司祭、彼も同じように考えているのですね。沢山の素晴らしい霊想書を書いていますが、自分でも告白しています。多くの人の賞賛を得たいために人生の大半を費やした。そのために友も失ったと。信仰があるのかと自問自答し、信仰がないのではないかと悩んでいます。そのように懺悔しています。正直ですね。

主イエスは、3年の間、弟子たちと寝食を共にして生活し、神の国の宣教の働きをされ、同時に弟子たちを訓練されました。その最後の仕上げという時が、今来ました。

まもなくご自分を敵視するユダヤ人に捕まえられ、鞭打たれ、苦しみを受け、十字架の死を迎えられるのです。ここは、ヨハネによる福音書では14章から16章に続く記事と同じ内容を持つものと思います。いわゆる、告別説教です。主イエスは、十字架につけられるに及んで、弟子たちに最後の説教をされます。いわば、遺言です。

偉くなりたい者は、皆に仕える者になり、いちばん上になりたい者は、皆の僕になりなさい。

これが主イエスの遺言です。弟子たちに与えられた言葉です。神が人となられ、ご自身を与えられた。そして仕えられた。この方がわたしたちの主、イエス・キリストです。

ここで、ヨハネによる福音書を読みたいと思います。13章1節――

イエスは、この世から父のもとへ移る御自分の時が来たことを悟り、世にいる弟子たちを愛して、この上なく愛し抜かれた。

主イエスの愛は、極みです。

3　愛の模範

そして手本を示されたのです。愛は手本があるのです。母、父、友人、教師、牧師、などなど。

どんな手本を示されたのか？

それは足を洗うということでした。ヨハネによる福音書13章3～5節――

イエスは、父がすべてを御自分の手にゆだねられたこと、また、御自分が神のもとから来て、神のもとに帰ろうとしていることを悟り、食事の席から立ち上がって上着を脱ぎ、手ぬぐいを取って腰にまとわれた。それから、たらいに水をくんで弟子たちの足を洗い、腰にまとった手ぬぐいでふき始められた。

同14～15節――

ところで、主であり、師であるわたしがあなたがたの足を洗ったのだから、あなたがたも互いに足を洗い合わなければならない。わたしがあなたがたにしたとおりに、あなたがたもするようにと、模範を示したのである。

最初に一灯園の研修でトイレ掃除をして廻ることを申しました。こういう話もあります。

あるタレントが、以前、テレビでこう言っていたとのことです。

自分はくだらない番組をやっても視聴率が上がる。自分では面白いとは思わないのに、小説を書くと売れる。

絵を描いても、いい絵だと評価されて、美術館だとかに収録されたりする。映画も自分の楽しみの一つとして創っていたら入賞してしまったり、グランプリで選ばれたりする。自分としては、好き勝手にやっているだけで、人よりも才能があるとも思えない。

でも、何をやっても全部評価されてしまう。「おかしい」。よく考えてみても、自分の才能でそれらをやれるわけがない。ただ、心当たりは、たった一つだけある。

それは、若いころ師匠に「トイレをきれいに掃除しろ」と言われたから、三十年以上ずーっと掃除をやり続けてきた。ロケに行ったときなどは、公園のトイレがグチャグチャでも自分が使ったあとは必ずきれいにする。ときには、隣のトイレまできれいにして出てくるときもある。もちろん、掃除用具を持って歩いているわけではでもないので、トイレットペーパーがないトイレでは、素手でもやる、とのこと。

そういうのを三十年以上、ずーっとやり続けてきた。そこにだけ思い当たるふしがあるのだそうです。

そういう話を聞きました。でも、謙虚だなあと思います。そのタレントはビートたけしこと、北野たけし氏だそうです。

この話の真偽は分かりませんが、教訓はあります。それは、師匠のいうことに従い、忠実に実行してきたということです。師匠の言葉を守る。

わたしたちは、救い主イエス・キリストの言葉を知っています。そう語られました。ようは、それに従っているか、守っているか。

そこにわたしたちの信仰の勝敗がかかっているように思います。

愛に目覚め、従う（マタイによる福音書20章29～34節）

先週、高校生修養会が渋川で行なわれ、引率が必要のため行って参りました。高校生修養会は、昨年の主題「知らないことは罪？」を今年も引き続いて行いました。草津温泉近くの栗生楽泉園《くりうらくせんえん》というハンセン病患者だった人たちの施設でチャプレンをしている牧師が講師でした。聖公会の牧師です。中・高校生にとってハンセン病の話を聞くことは衝撃的だったようです。今年は、その話を実際に見てみようということで、草津温泉の現地「栗生楽泉園」に行ったのです。

そして、元患者さんの話を聴き、その施設を見学しました。ハンセン病に関して申しますと、現在、全国十三か所の国立ハンセン病療養所に約四千五百人が入所しています。ほとんどがすでに治癒している元患者ですが、平均年齢七五歳という高齢と病気の後遺症による障害、さらにかつて行われた監禁下での、強制断種手術、強制堕胎手術のために子供がいない元患者が多いことから、介護を必要として療養所に入所しているのが実情であるということです。

栗生楽泉園はその一つなのです。

さて、本日の聖書ですが、主イエスがエルサレムに入られる直前の出来事が記されています。20章17節では、「エルサレムに上っていく途中」とあります。その時、主イエスは第三回の受難予告をされます。その直後弟子たちが、家族を巻き込んでの出世競争を演じるのです。いわば、抜け駆けですね。これは前回も申しましたように、最後の晩餐の場面においても、弟子たちは互いにライバル意識をもって自分たちの中で誰が一番偉いかと論じ合っているのです（ルカ22章24節）。ローマの兵士に捕まえられ、十字架につけられるその前の夜に、自分たちの中で誰が一番偉いかと論じ合う。これがわたしたち人間の姿であるというのです。

そこで20章29節に参りますと、主イエス一行はエリコの町を通られました。さらにエルサレムに進もうとされるときに、出来事が起きます。二人の盲人が救いを求めて叫びます。「主よ、ダビデの子よ、わたしたちを憐れんでください」と（30節）。

主イエスの癒やしの記事は福音書に満ちています。病人を癒《いや》す記事はマタイ、マルコ、ルカ、ヨハネの各福音書において半分近くが癒しと回復の記事です、耳の聞こえない人、目の見えない人、そして死人も生き返ります。そういう奇跡を行なわれます。

そして、マタイ20章はエルサレムへの途上においても、必要を求めている人に主イエスは憐れまれ、力を注いで神のわざを行われるのです。

この箇所での特別な意味を見出すことができます。それを一緒に見て行きましょう。

1　道の途上にて

エルサレムへの道の途上です。そして大勢の群衆がイエスに従ったとあります。

30節――

そのとき、二人の盲人が道端に座っていたが、イエスがお通りと聞いて、「主よ、ダビデの子よ、わたしたちを憐れんでください」と叫んだ。群衆は叱りつけて黙らせようとしたが、二人はますます、「主よ、ダビデの子よ、わたしたちを憐れんでください」と叫んだ。

盲人だから道端で座っていたのでしょう。おそらく、道端で座っていて物乞いをしていたかもしれません。そのとき、街中のうわさになっていた主イエス一行が通りかかっていることを知ると、思わず叫んだのです。

「主よ、ダビデの子よ、わたしたちを憐れんでください」と。

それに対して群衆の多くは、こんな取るに足りない盲人が大声で叫んでいることを不愉快に思って、叱り付けて黙らせようとしたのです（31節）。

この二人の盲人の厳しい境遇が察せられます。道端、助けを求めて叫んでも誰も注意を向けてくれない、むしろ叱りつけて黙らせようとした。軽んじられているのです。無視されているのです。

15章の21節以下では、悪霊で苦しんでいる娘の助けを求めるカナンの女に対して、弟子たちが「この女を追い払ってください」と主イエスから遠去けようとします。

19章では、子どもが主イエスに手を置いて祈ってもらおうと近づいた時、弟子たちが叱ったとあります。（13節）

「忙しいのだから、お前のような小さな者に、構っておれない」

そういう考え方を主イエスは退けられます。小さいゆえにこそ、また誰も振り向いてくれないからこそ、主イエスはそこに憐れみを覚えられ、愛を注がれるのです。

Kさんがアムネスティの働きで、署名を求められています。

子どもが銃をとらされて、人を殺す兵士に仕立てられています。世界の片隅で救いを求めている小さな子どもたちの叫びでもあります。

2 憐れみ

盲人は叫びます。
「主よ、ダビデの子よ、わたしたちを憐れんでください」と。

この憐れんでくださいの憐れみは、エレエオーというギリシャ語です。懇願するとエレエーソン キュリエとなります。キリエ・エレイソンとミサ曲で、ラテン語で歌われる、あのエレイソンです。同情、憐れみ、慈善と訳されます。そして30節、31節、33節と三度「主よ」と呼びかけています。それに主イエスはこたえられます。

34節——
イエスが深く憐れんで、その目に触れられると、盲人たちはすぐ見えるようになり、イエスに従った。

この主イエスの「深く憐れんで」という言葉は、スプランクニスセイスというギリシャ語です。これは内臓とくにはらわたの痛みを指しています。子どもや家族、友人のことで心配するとおなかが痛むという経験をします。おなかを痛むほどの憐れみ。これが主イエスの憐れみなのです。これをある注解者は、自分の身体を切り刻むほどの痛切な深い慈愛をこめた憐れみだと言っています。それは余裕のあるところから与える同情ではなく、自己犠牲を引き受ける深みから発する思いやりであると。

その先に十字架があるのです。エルサレムに入るに当って、主イエスは十字架を意識されます。この五日後には十字架の受難が待っているのです。

その直前に、ヨハネとヤコブという二人の兄弟が誰が一番偉いかとほかの弟子たちと言い争っている時に、二人の盲人が道端で悲惨な状態をもって主イエスの憐れみを乞い願っているのです。

マタイは、その対称を劇的に描いているように思います。そこにマタイの計算と申しますか、意図を感じます。

3　開かれた目

盲人たちの叫びに歩みを止められた主イエスは問われます。

32〜34節——

イエスは立ち止まり、二人を呼んで、「何をしてほしいのか」と言われた。

二人は、「主よ、目を開けていただきたいのです」と言った。

イエスが深く憐れんで、その目に触れられると、盲人たちはすぐ見えるようになり、イエスに従った。


この盲人たちの目を開けていただきたいの「目」と、主イエスのその目に触れられるの「目」は、違う言葉が使われています。盲人の懇願する目は、オフサルモイ（複数形です、両目ですから）です。視力とか肉眼という意味で通常使用されます。それに対して、主イエスが触れて開かれた「目」は、オムマタ（これも複数形です）です。これは、心の目、霊の目という意味です。

盲人たちは、たんに視力が回復しただけでなく、心の目、霊の目が開けたのです。マタイは、それを意識しながら、わたしたちに語るのです。

主イエスに出会うことは、たんなる癒しで終わらない。そこには、新しい意味をもってその人の人生が始まるのだと。心の目が開かれた時、もと盲人たちは、どうしましたか？

4　新しい人生——召命

そこに、主イエスに従う信仰が起きるのです。主イエスは、十字架の道をたどります。憐れみの先が十字架であると申しました。それは、神の愛です。その愛によって、わたしたちは心の目が開かれるのです。霊の目が開かれて、生ける主に出会うのです。しかり、主イエスが行かれるところ、おられるところに、新しい信仰、新しい召命、新しい命が見出されるのです。

主イエスは、そのようにご自身を与えてくださるのです。そして同じように、主に変えられ、癒やされ、回復に導かれて、自分自身を主に捧げていく人たちも起こされるのです。

教会は、二千年の間、そのように生ける主に出遭って来ました。そして、これからもそうでしょう。神の栄光を拝したいと心から願います。

主がお入用なのです（マタイによる福音書21章1〜11節）

連休が終わりました。教会の皆さんは、旅行されたり、遠くにいる家族や気の置けない客を迎えて、有意義な時をもたれたと思います。

連休の中で、教会員である阿久津 純兄が四日召されました。ご遺族の上に、天父の豊かなお慰めが注がれるようにお祈りいたします。

阿久津兄は正月三日に脳血栓で入院、治療中でした。時々、見舞いに参りましたが、意識はしっかりされ、最近は自分から話をされるほど回復し、お元気になられて退院も間近いのではないだろうかと希望を持っていました。急性肺炎ということで、まことに残念です。まさに「神が与え、取り去りたもう。主の御名はほむべきかな」（ヨブ記1・21）です。

阿久津兄は、昭和十年に洗礼を受けられました。七十年の信仰です。教会では、役員を長い間務められ、幼稚園でも逝去されるまで理事に就かれていました。

見舞いに行っている時に、こころに思ったのですが、入院生活は備えだということです。何の備えか？　神様にお会いする備えです。もっとも、クリスチャンはいつでも神様にお会いする用意が出来ているものであるのですが。さらに申しますと、死の備えということになります。

元気な時には死について、向き合うことはないと思います。むしろ、考えたくない。そういう傾向があるかもしれません。

生きているとあれをしたい、これをしたいと考えるものであります。死は、それができなくなるのです。わたしは、見舞いに行く時、八十歳まで生きてこられたのだから、どう死ぬか。その備えをしていただきたいなあと思っていました。

そして、その備えをされたと思います。何度か枕元で祈りましたが、必ず大きな声でアーメンと祈られましたし、声が出ない時、意識がないと思われるときでも、頷いて意思を表されていました。

ご遺族の意思で教会での葬儀ができなかったことを残念に思いますが、死にいたるまで教会の交わりを続けてこられ、七十年の信仰生涯を全うされたことを神に感謝したいと思います。

さて、主イエスはご自身の死、つまり十字架の死を控えても十分な備えをされたことが、本日の聖書を通して分かります。20章までは、三度も死の予告をされて、弟子たちに注意を向けられました。そして、エルサレムに入られるのです。いよいよ受難の時が近づいてきます。

1　主がお入用なのです

わたしはここを読むとき、いつも創世記の22章を連想します。アブラハムがその愛する子どもイサクを献げるところです。アブラハムが神の命令を受けて、イサクを奉献するためにモリヤの地に赴きます。そして三日目に到着して、いざイサクを手にかけて殺そうとする時に、天使が言うのです。

御使いは言った。「その子に手を下すな。何もしてはならない。あなたが神を畏れる者であることが、今、分かったからだ。あなたは、自分の独り子である息子すら、わたしにささげることを惜しまなかった。」

ここを読むとき、いつも不思議に思うのは、イサクは独り子ではないのです。ハガルを通して、兄のイシュマエルがいますし、サラの死後アブラハムは再びケトラという妻をめとって、六人の子どもをもうけるのです。（創世記25章1～2節）

ここで大切なことは創世記22章13節以下です。

アブラハムは目を凝らして見回した。すると、後ろの木の茂みに一匹の雄羊が角をとられていた。アブラハムは行ってその雄羊を捕まえ、息子の代わりに焼き尽くす献げ物としてささげた。アブラハムはその場所をヤーウェ・イルエ（主は備えてくださる）と名付けた。そこで、人々は今日でも「主の山に、備えあり（イエラエ）」と言っている。

主の山に備えあり。これは、神のご計画が人知を超えて働かれることを示しているのです。

マタイに戻ります。21章1節以下を読みます。

一行がエルサレムに近づいて、オリーブ山沿いのベトファゲに来たとき、イエスは二人の弟子を使いに出そうとして、言われた。「向こうの村へ行きなさい。するとすぐ、ろばがつないであり、一緒に子ろばのいるのが見つかる。それをほどいて、わたしのところに引いて来なさい。もし、だれかが何か言ったら、『主がお入り用なのです』と言いなさい。すぐ渡してくれる。」

主の行かれるところ、死への道行きであっても、そこに神は必要な備えを与えておられるということです。生きる意味と使命をお与えになられる。

榎本達郎牧師のことは皆さんよくご存知だろうと思います。

彼は、この聖句を通してアシュラムにいのちをかけました。自分のような小さな者であっても、神が用いてくださる。主がお入用として、十字架と復活の出来事の証人として用いようとされておられる。それを信じたのです。

彼は自らを小さなろばを意味する「ちいロバ」を愛称として福音を宣べ伝えました。

彼は30年以上も前に亡くなりましたが、その著書や説教集は大きな影響力をもって今も多くの人に感化を与えています。

2　柔和さ

ろばは柔和さを表します。馬にまたがった主イエスを想起することはできません。馬にまたがった姿は権威ある王を表します。強さです。勝ち誇った勇者の姿です。

馬は、戦力、兵力です。現代は、国家は軍事費を国防として国家予算の十パーセントを占めます。三十パーセントを占める国もあります。核兵器、ポラリス潜水艦、イージス艦、戦闘機を競って備えます。かつては馬が軍事力の代名詞であった。

旧約では、馬に頼って主なる神に頼らないイスラエルの王の不信仰を嘆いておられる。

　イザヤ書31章1節、詩編20編8節は「馬」についての記事です。

　災いだ、助けを求めてエジプトに下り／馬を支えとする者は。（イザヤ書）
　戦車を誇る者もあり、馬を誇る者もあるが／我らは、我らの神、主の御名を唱える。（詩編）

ゼカリヤ書9章9節では「ろば」に乗る王が預言されています。

　見よ、あなたの王が来る。彼は神に従い、勝利を与えられた者
　高ぶることなく、ろばに乗って来る／雌ろばの子であるろばに乗って。

主イエスは馬ではなく、子ろばに乗られるのです。どこかユーモラスですね。勇ましい姿ではない。王と叫ばれ

ながら、支配者としての威厳はなく、むしろ小さなみすぼらしい子ろばに乗った姿は、みじめな有様です。そして、子ロバに乗った主イエスに従うのは、屈強な軍隊ではなく、誰が一番偉いかと内輪もめをしている十二弟子と婦人たちでした。

この柔和さという言葉は、痛めつけられる、痛めつけられた姿が痛めつけた者にとってみじめに見える、という意味があります。低さ、敬虔さという意味もありますが、文意から言えば、十字架の直前にあって、傷つけられることを中心としたメッセージがあることは確かです。

イザヤ書53章に――

彼が担ったのはわたしたちの病、彼が負ったのはわたしたちの痛みであったのに、わたしたちは思っていた。神の手にかかり、打たれたから彼は苦しんでいるのだ、と。彼が刺し貫かれたのは、わたしたちの背きのためであり、彼が打ち砕かれたのは、わたしたちの咎のためであった。彼の受けた懲らしめによってわたしたちに平和が与えられ、彼の受けた傷によって、わたしたちはいやされた。苦役を課せられて、かがみ込み、彼は口を開かなかった。屠り場に引かれる小羊のように、毛を切る者の前に物を言わない羊のように、彼は口を開かなかった。

そのような課せられた痛みと傷、苦しみを担う姿が柔和さに現われているのです。

3　死と復活

最初に死の備えのことを申し上げました。主イエスは、三度弟子たちにご自身の十字架の死を予告されました。同時に、主イエスは復活のことも予告されたのです。

十字架の死の備えは、同時に復活の備えでもあるのです。

説教の準備をしていて、突然インスピレーションが与えられたように思います。つまり、こうではないか。死の備えをする、それは甦るためであり、そしてそれは生きるためであると。死の備えは、生きるための備えだということではないだろうか。

わたしたちは、死はそれでもって生の終わり、いのちの終わりだと考えます。しかし、主イエス・キリストにあっては、そこから新しいいのちのはじめとなるのです。聖書は、それを永遠のいのちと記します。救いであり、神の贖いの成就です。

祈りの家（マタイによる福音書21章12～17節）

自民党の総裁である小泉純一郎さんが任期を終えようとする9月以降、誰が次の総裁に選ばれるかということで、毎日のニュースがにぎやかになっています。与党である自民党の総裁が内閣総理大臣になる。これが現在の日本の政治でもあります。

小泉さんは総理大臣になる前に、「わたしは自民党をぶっ壊す」という宣言（公約）をして、いわゆる小泉改革を断行していく決意を表明しました。郵政公社の民営化のために荒療治をし、国民の圧倒的な支持を得ました。

その政治手法に最近は辛口の評価をするマスコミが目立ちます。改革を行い、制度を壊すことをしたが、どう国家を建て直すかの道筋を示せなかったと。バブル崩壊後の落ち込んだ経済が緩やかに回復してきました。政治と経済の努力によるものでしょう。

しかし所得格差が一段と進み、貧富の差が拡大しました。年金問題や医療、高齢化に向かっていく日本がこれからどこに進むのか。教育基本法、憲法などはむしろ右傾化し、戦前の日本に戻るかのような危うさを感じます。また、一国の首相として、国家運営の明確なヴィジョンを示さないままでした。国家は九十兆と言う莫大な負債を抱え、増加していくばかりです。

改革あるいは既成の制度を変えていくには、周到の準備とエネルギーを要します。それが正しいのか、社会正義にかなっているのか。多くの人の福祉、すなわち幸せに結びつくか。個人的な利益を超えているか。時を経ても、すなわち何十年、何百年たっても歴史のふるいに耐えられるか。そういう真実といってもよい評価の問題が起こってきます。

1　宮清め

さて、本日の聖書において、主イエスはエルサレムに入り、第一にされたことは神殿の清め、いわゆる宮清めでした。主イエスの行動は荒々しく、暴力的であります。このような憤った主イエスを見るのは、ほかにありません。21章12節を読みましょう。

それから、イエスは神殿の境内に入り、そこで売り買いをしていた人々を皆追い出し、両替人の台や鳩を売る者の腰掛けを倒された。

本来静まって、神を礼拝する場である神の宮、神殿が両替人の両替の掛け声、コインのジャラジャラ響く音、神に犠牲を献げる鳩の鳴き声、鳩を売る商人の掛け声で騒がしかったのです。神殿を往来する街の人たちのざわめきと賑わい。新宿の歌舞伎町や渋谷のような繁華街を連想させるような喧騒。これが神を礼拝する神殿なのかと訝ってしまう様子。それを見て、主イエスは憤りに駆られたのであります。

13節――

そして言われた。「こう書いてある。『わたしの家は、祈りの家と呼ばれるべきである。』ところが、あなたたちはそれを強盗の巣にしている。」

有名なお寺や神社、欧米でも大きな教会の前ではお土産屋がいっぱい軒を並べ、それに合わせて食堂や休憩所が立って、賑わいます。門前市《もんぜんいち》を成《な》すのであります。

エルサレム神殿もその境内が市場となって、礼拝に諸国から集まる人々を目当てに市が立つのであります。

「強盗の巣」とは、強盗たちの隠れ家です。それを根城にして、盗賊たちは悪事を働くのです。主イエスがあえて「強盗の巣」と言われたのは、神殿の祭司たちと神殿礼拝を基盤にした当時のユダヤ教指導者への挑戦といってもいいかもしれません。

礼拝者が献げる神殿への納入金の両替や、いけにえである動物、鳩を商う許可を与えることによって祭司たちは利益を得ていました。ショバ代です。ふところを肥やす祭司や律法学者たちの強欲に対する批判が込められていたのです。

この主イエスの行為は三五年前の教団紛争の時に改革派グループの模範となった記事であります。残念なことに、暴力肯定として援用されました。「イエスも既成の体制に対して反抗したではないか」というものです。

当時は、世を挙げて改革の時代でした。中国では文化革命とされる権力闘争、フランスやアメリカ、日本など各国の大学紛争、若者の反体制運動が盛んでした。

その時代の中で、教会も教団も無縁ではなかったのです。改革派は、主イエスもまた反体制の旗頭であったといいます。旧い権威、形骸化したユダヤ教、既得権を維持するのに制度を守るだけの祭司たち、見せ掛けの神殿礼拝を打破するためにイエスは荒療治をしたのだと主張しました。

包括団体である日本基督教団は、合同教会であります。各個教会が教会形成に努力するように、教団も教団形成のために努力します。そこには、主イエスをかしらとする教会の信仰が基本にあります。イデオロギーではありません。暴力で持って既成の体制をぶち壊し、自分たちが新しい体制を築いていく。それは自分が神になること、自己栄光化であります。

大切なことは神の愛によって生かされているという信仰の一致をもって、教会形成をするのであります。そのことから、主イエスの宮清めを理解することが大切であります。

2　祈りの家

13節――
そして言われた。「こう書いてある。『わたしの家は、祈りの家と呼ばれるべきである。』

神の宮である神殿は、祈りの家である。これがわたしたちの主イエスの言葉です。神殿礼拝は、犠牲をささげることが求められます。旧約聖書、律法はそれを牛や羊、鳩などの動物と、小麦などの穀物を献げるように命じます。しかし、犠牲は形式化します。形だけとなって、内容や精神、信仰は顧みられなくなります。献げる人の信仰、砕けた魂、神への愛ではなく、どれだけ献げたかによって評価されるのです。その形骸化した礼拝に主イエスは、いけにえではなく、祈りだと言われるのです。物ではなく心を神は求めておられるのです。どれだけ持っているかを誇り、高ぶるのではなく、謙遜と従順を神は求めておられるのです。


2006年度の教会標語聖句をローマ書12章としました。講壇脇の壁に掲げられています。

自分の体を神に喜ばれる聖なる生けるいけにえとして献げなさい。これこそ、あなたがたのなすべき礼拝です。

わたしたちが献げるいけにえは、物ではなく、心であり、自分自身のすべてを神のものとする信仰です。全身全霊をもって、神を信じ、愛し、従う。

「わたしは神様、あなたのものです」との告白と祈りを神は求められるのです。

祈りとは、神との対話です。神との会話です。家族が一日家にいて、一度も話し合うことがないとすれば、悲しいことです。「おはよう」とか「おやすみなさい」は言えます。

神は、いつもわたしたちと共におられます。見守っておられます。

そのように神に祈り、神とお話しする。交わりです。手に触れ、息遣いを感じるくらいに神に近づくことができると思うのです。神はそれを望んでおられます。

娘が子どもの時、いつもわたしの膝に乗るのが常でした。膝に乗って、甘えるのです。身体の温かみを感じ、親の愛を確かめ、そこで喜びと安心を持つのです。

神はそのような親子の関係を持とうとされておられると信じます。厳しい父、近づくこともできず、口も利けない。よそよそしい親子関係ではなく、慈愛に溢れた親子の関係を持つ。それが祈りだと思います。

声を出して祈らなくてもいいと思います。静まって、黙想《もだ》して、神を意識する。心で神と会話することもいいと思います。

先月二四日から韓国に参りました。韓国の教会は大体、朝五時から祈祷会を行っています。わたしたちも朝五時の教会に参りました。五時の祈祷会に参加するために、四時に起きるのです。ホテルの周りには、教会はいっぱいあるのですが、関東教区と友好親善関係にある教会に行くので、担当者が車で迎えに来ます。四時三十分にホテルのロビーで待ち合わせです。車で20分以上かかる教会に行くのです。

朝から大勢の信徒が祈りに来ます。

それまで五時三十分に起きていましたが、帰国してからは五時前に起床します。昨日は三時に起きました。この礼拝堂で祈ります。30分から40分声を出して祈ります。賛美します。

牧師として、皆さんが神に触れると申しますか、聖霊に満たされ、生ける神との交わりが深められるように、その手伝いをしたいと思っています。

神はいのちの源であり、愛の方であります。生ける水をわたしたちに与え、幸いと祝福をありったけを与えようとされる方であります。その神をもっと深く知り、味わい、体験する。それが信仰の喜びとなり、教会形成をもって、教会の徳を高めることになります。


まず、一日五分でも十分でもいいから、黙想し神の前に静まることを始めましょう。

スポーツ選手は、毎日やすむことなく訓練します。身体を温めるために、やわらげるために。

信仰者として、聖書を読み、賛美し、祈る。これがクリスチャンの訓練です。毎日のリズムです。食事を取り、お茶やコーヒーを飲むように、普通に、苦しむことなく、聖書と祈りをする。これが初歩です。祈りの形として整えられたら、次のステップに進みます。


その目的は、わたしたちの生活、生き方を通して、神の御名が崇められ、多くの人が神を知るためであります。それが伝道の力、エネルギーとなります。

信仰を喜びとしましょう。教会に来ることが楽しい、みんなと一緒に賛美することが喜び、祈ることが心の躍動となる。そのような信仰生涯を意識して持つと大きく成長します。

教会が真に祈りの家となるのです。

天からの権威

（マタイによる福音書21章18～27節）


先日、ある方からみかんをいただきました。

「いただいたので、牧師先生に食べていただこうと思って……」

そう言われました。

五月でした。ハウスみかんでした。甘くておいしかったです。

この時期にみかんが食べられる。時期はずれであっても、美味しいみかんが食べられるのは、嬉しいです。

ただ、時期はずれであってもいつでも食べられるようにつくる農家の方々の労苦を感謝しますが、旬ということを考えると複雑な気持ちがいたします。

今は、ビニールハウスで何でも作れる時代です。「ありがたい」という気持ちと「いや食べ物は本来の収穫の時期にたべるものだ」という二つの複雑な気持ちがあることも確かです。


さて、今朝の聖書ですが、主イエス一行がエルサレムに向かわれたときの記事であります。前の段落は、神殿から商人を追い出して、「宮清め」をされました。その時は、エルサレムから数キロ離れたベタニアに泊られたとあります。一夜の眠りを守られて、朝になり、エルサレムに再度向かわれたのであります。

二千年前のことですから、朝食の準備がいつもきちんとできているということはなかったでしょう。まして、まもなく受難に遭われるのです。それを予期しつつ備えをしながら、残された時間にすべきことを祈りの中で過ごしておられるのだと思います。

18節以下をもう一度お読みします。

朝早く、都に帰る途中、イエスは空腹を覚えられた。道端にいちじくの木があるのを見て、近寄られたが、葉のほかは何もなかった。そこで、「今から後いつまでも、お前には実がならないように」と言われると、いちじくの木はたちまち枯れてしまった。

マルコによる福音書11章12節以下は、並行記事と言われているところですが、こうあります。

翌日、一行がベタニアを出るとき、イエスは空腹を覚えられた。そこで、葉の茂ったいちじくの木を遠くから見て、実がなってはいないかと近寄られたが、葉のほかは何もなかった。いちじくの季節ではなかったからである。

マタイとマルコを比較しますと、つまりいちじくの実がなる季節ではないのに、主イエスはいちじくの実がないのに憤りを覚えられて、いちじくを呪われた、ということです。

いちじくが実るのは、初夏でしょうか。この時期は、春分まえですから、まだようやく葉っぱの段階です。暖かくなって葉が伸び、花が咲き、やがて徐々に実が成長するのです。

いくら主イエスであっても、実が熟す時期ではないのに、実を期待し、実もなっていないために、いちじくを呪うのは、厳しいのではないか。

今ふうに申しますと、八つ当たりですね。「切れた」ということでしょうか。そういう印象を持ちます。

次に呪いについて見ますと、マタイでは19節――

道端にいちじくの木があるのを見て、近寄られたが、葉のほかは何もなかった。そこで、「今から後いつまでも、お前には実がならないように」と言われると、いちじくの木はたちまち枯れてしまった。

呪いの言葉をかけると、いちじくの木がたちまち枯れたというのです。これは呪いの言葉といい、たちまち枯れたといい、これでは魔法ですね。

マルコを見ますと、若干異なっています。いちじくを呪ってから、一日の時間が経過しています。その間に、神殿の清めが入っているのです。これは非常に大切なことです。

その後に、いちじくの木の記事が記されています。

マルコ11章19節、20節――

夕方になると、イエスは弟子たちと都の外に出て行かれた。

翌朝早く、一行は通りがかりに、あのいちじくの木が根元から枯れているのを見た。

ここでは一呼吸おいて、いちじくの木が枯れたことを明記しているのです。

これらの聖書の記事は、わたしたちに何を言おうとしているのでしょうか。福音書は、ここで何をメッセージとして伝えたかったのでしょうか？

それを共に考えてみたいと思います。

1　愛の憤り

主イエスは、愛の主であり、柔和で謙遜な方である。これがわたしたちの第一の主イエスへのイメージです。その主イエスが憤りを覚えられ、裁きの言葉、呪いの言葉を吐くように語られた。そして、実際にいちじくの木は枯れたのです。

これだけを見ていると、主イエスは恐い方かなと思います。

小学校時代のことでした。普段は静かで優しい先生がいました。いつも笑顔でニコニコして、子どもたちの人気の先生でした。子どもたちも、「先生、先生」と懐いていました。

その先生が何かの時に、顔を真っ赤にして怒ったのです。普段の落ち着いた口調、静かで穏やかな声ではなく、眉をしかめて怒鳴るように、憤激を込めて生徒を一喝したのです。脅すようでもありました。

生徒が何かしたのでしょうか？　悪戯をしたかもしれません。でも、そんなに怒りを露にして怒鳴るようなものではありませんでした。

それから、しばらくして先生も落ち着き、以前のような穏やかな口調に変わりました。しかし、生徒の心に焼きついた先生の態度は忘れがたいものがありました。何か信頼感が消えたような失望感、不信感を持ったことです。

ひとつの言葉、態度で人を傷つけ、信頼感を失くすことがあるものです。

主イエスもまたそのような言葉と態度だったのでしょうか。求道中の方や女性、子どもがこの主イエスを知ると、どう思うでしょうか？

寛容であり、憐れみ深い主イエス様、人の育つことを愛と優しさ、忍耐をもって見守っておられる主イエス様です。

その主イエスが、憤り、腹立ち、不機嫌、攻撃的な態度と激した言葉をとられたのです。

2　愛の哀しさ

人間は完全無欠ではありません。ですから善意であっても、時に気持ちと反する受け止め方だってあるのです。誤解ですね。

ここでも、主イエスの言葉は誤解が生じます。主イエスの趣旨、真意ですね。主イエスは何故、そのような言葉と行動を取られたのか。こころがどこに込められているのか。福音書はそれを苦慮しながら、解決を図ったと思うのです。

わたしはそこに、主イエス様の愛の哀しみがあるのではないかと感じます。

まず、場所のことを考えましょう。エルサレムです。父なる神の宮である神殿のあるところです。人々は主イエスに対して神の子としての敬意を持っていません。むしろ、エルサレムの指導者である律法学者や長老たち、ファリサイ人からは侮蔑と嘲笑、軽蔑、無視、無関心で対されます。エルサレムの民衆の人気を博しても、十字架につけろと唆されると一緒になって叫びます。「十字架につけろ」と。

時のことを考えましょう。過越しの祭の時です。それは十字架につけられる直前です。

ルカ福音書では、イエスはエルサレムを前にして嘆かれます。19章41節です。

弟子たちは、どうでしょうか？　十字架の死を三度も予告したにも係わらず、弟子たちのこころは誰が一番偉いかということでした。人を支配するこころ。人の上に立ちたがる気持ちです。

十字架の死を迎える時に、主イエスは孤独を感じておられます。そんな時に、宮清めをされ、ご自身の十字架の死の備えをされたのです。

3　愛の行方――十字架

いちじくの木が枯れた後に、権威についての問答があります。何の権威によって、これらのことをするのか？23節以下です。

「これらのことをするのか」というこれらのことは、神殿の商人を追い出したということでしょう。そして、いちじくの木を枯らしたことでもあります。

いちじくの木は、エルサレムの人々、イスラエルの人々を意味します。エルサレムの滅びを意味するのです。ルカ19章でエルサレム神殿の破壊を予言されました。そのことをいちじくの木を通して示されたのです。滅びと破壊において、何の権威があるのか。これがユダヤ人たちの質問でした。これに対して、主イエスは、そして教会は、神からの権威であると主張するのです。

しかし、実際はどうでしょうか？　主イエスは、裁き主として立っておられません。裁きの権威を持っておられるにもかかわらず、裁きではなく、十字架を選ばれるのです。これもまた権威といえば権威でしょう。十字架の死は、特別の使命でもあるのです。

主イエスは自分の力を示すよりも、無力であることを選ばれたのです。力なきものとして、力なきもののままに、十字架にかかり死なれたのです。

そこに主イエスが愛の方、寛容で慈愛の方であることを最期まで貫かれたのです。

ルカによる福音書13章6節以下には、「実のならないいちじくのたとえ」の記事があります。こういう内容です。そして、イエスは次のたとえを話された。「ある人がぶどう園にいちじくの木を植えておき、実を探しに来たが見つからなかった。そこで、園丁に言った。『もう三年もの間、このいちじくの木に実を探しに来ているのに、見つけたためしがない。だから切り倒せ。なぜ、土地をふさがせておくのか。』園丁は答えた。『御主人様、今年もこのままにしておいてください。木の周りを掘って、肥やしをやってみます。そうすれば、来年は実がなるかもしれません。もしそれでもだめなら、切り倒してください。』」

ここでは、ぶどう園にいちじくの木が植えられたのです。異質の樹木が植えられたのです。三年間実がなりませんでした。切り捨ててしまおう。そう主人は思ったのです。しかし、園丁は、もう少し待ちましょうと訴えるのです。マタイとマルコのいちじくの木とは、対応がおよそ違います。

いちじくとは、誰か。イスラエルという人もいます。しかし、聖書は他人事として読むことではないのです。本当は、わたしたちなのです。実らないいちじくは、わたしたちと思って読むことが大切です。そう思うと、切られないでいるのは、神の憐れみだと感じるのです。むしろ、実が熟するのを待っておられる。忍耐と寛容をもって、待っておられる。

これがわたしたちの救い主なる神だと信じるのです。

キリストは執り成してくださいます。神はキリストの十字架のゆえに裁きを放棄された。キリストご自身が裁きを受けられたからです。ここに福音があります。

守られていることを感謝し、また神の恵みを無にせずに、成熟を求めて進みましょう。

兄と弟（マタイによる福音書21章28〜32節）

聖書を読んでいると、あることに気づきます。それは旧約聖書、新約聖書に共通していることですが、兄弟仲のことであります。聖書は霊に導かれて、人間によって書かれたものであります。霊感によってと申します。聖書は、神について書かれているものであります。正確に申しますと、神についてというより、人について書かれたと言ってもよいかと思います。

人間とは何か？　どこから来て、どこに行くのか？　いのちとは何？　生きるとはどんな意味を持っているのか？　そういう思いから、では何の目的で人は生きているのか。

一番の主題は、人間と世界は神の創造の御手であり、神の計画があるというメッセージが聖書であるということです。それが神の言葉を通して語られる。それが聖書なのですね。

ですから最初に戻りますが、聖書に表されている言葉は、人間のことなのです。神と人間の関係であり、人間同士の関係でもあります。

そこでは、親子のこと、夫婦のこと、家族のこと、そして兄弟のことがおもなテーマとして展開されるのであります。

1　兄弟

兄弟のことですが、はじめに夫婦から聖書は始まります。アダムとエバです。創世記の2章、3章です。4章に参りますと、兄弟が出てきます。カインとアベルです。兄のカインは弟のアベルを殺すのです。兄弟仲が悪いのですね。弟を殺すほどの理由があるのだろうか。そんなことを考えます。神をめぐってです。今の宗教戦争でもそうです。神をめぐって、民族間で同じ人間同士が殺しあっている。

兄弟の争いや葛藤を聖書は隠すことなく記しています。イサクとイシュマエル。アブラハムの息子たちです。これは、母親同士の葛藤が問題でした。エサウとヤコブの兄弟仲も悪いですね。弟ヤコブは兄のエサウを出し抜き、長子の権利と祝福を奪うのです。それで殺されそうになり、逃げ出します。

ヤコブの息子たちは十二人いますが、十一番目のヨセフと他の兄弟の仲も悪く、ヨセフは殺されそうになります。エジプトに逃れるのですが、そこで聖書は決定的な展開を進むことになります。出エジプトの出来事です。

兄弟は、仲が良くても悪くても歴史を作るのです。いのちを継承していく過程で、個性がぶつかります。日本でも、兄弟の相克はありますね。源 頼朝と義経。北条時宗と時輔、足利 尊氏と直義、近くは少し卑近ですが、花田 勝と光司ですね。

本日の聖書も兄弟の話です。

28～30節を読みましょう。

「ところで、あなたたちはどう思うか。ある人に息子が二人いたが、彼は兄のところへ行き、『子よ、今日、ぶどう園へ行って働きなさい』と言った。兄は『いやです』と答えたが、後で考え直して出かけた。弟のところへも行って、同じことを言うと、弟は『お父さん、承知しました』と答えたが、出かけなかった。

ここでは、兄弟間の問題というよりむしろ、父と息子の関係のことが重要であるかもしれません。兄は父の求めに対して、「いやです」と即座に拒否しましたが、後で考え直して出かけました。弟は「承知しました」といいながら、結果的に出かけず、父の求めを拒否したのです。

31節にあるイエス様の質問――

「この二人のうち、どちらが父親の望みどおりにしたか。」彼らが「兄の方です」と言うと、イエスは言われた。「はっきり言っておく。徴税人や娼婦たちの方が、あなたたちより先に神の国に入るだろう。」

ここで兄、弟の問題が起こってきます。どちらが父に従順であったか、という問題です。兄弟の葛藤、相克というのは、親の愛情を巡って生じます。聖書の関心事は親の愛情が大なのです。親の遺産とか財産、成人しての権力争いなのがありますが、聖書はそのことに関しては沈黙しています。関心事ではないのです。

実は、他の訳たとえば口語訳（新共同訳の前の訳です）では、兄が「行きます」と言いながら行かず、弟は「いやです」と答えますが、結果的に考え直して行く。そういう訳になっています。聖書は、大体兄よりも弟が重んじられていることがあります。

本質的な問題は、父に従順であるかということです。父とは、神ご自身であります。神のみこころに忠実で従順、従う心があるかどうか。それが一番の聖書の関心事なのです。

2　従順さ

従順ということは、神のみこころに従うということです。おおよそ、信仰とはこの従順をいいます。信じることは、従うことなのですね。神のしもべとなる。

聖書に、
それをわたしはあなたたちの先祖に命じたが、彼らは聞き従わず、耳を貸そうともしなかった。彼らはうなじを固くして、聞き従わず、諭しを受け入れようとしなかった。（エレミヤ書17・23）
「イスラエルの神、万軍の主はこう言われる。見よ、わたしはこの都と、それに属するすべての町々に、わたしが告げたすべての災いをもたらす。彼らはうなじを固くし、わたしの言葉に聞き従おうとしなかったからだ。」（エレミヤ書19・15）

うなじが固いというのは、強情、頑固で素直でないことを言います。
文語訳です。
彼《かれ》らその項《うなじ》を強《こわ》くして、わが言《ことば》を聴《き》かざればなり
口では、「はい、はい」と素直そうでいながら、腹の中は反対で、反抗と裏切りのこころでいっぱいなのです。

これがイスラエルの指導者の信仰というのです。律法学者、ファリサイ人、長老たちをさします。それに対して、彼らから駄目人間、罪人として軽んじられ、無視されている徴税人や娼婦たちが、外見は罪人だが、心は素直で神に向かっているというのです。

32節にあるとおりです。
なぜなら、ヨハネが来て義の道を示したのに、あなたたちは彼を信ぜず、徴税人や娼婦たちは信じたからだ。あなたたちはそれを見ても、後で考え直して彼を信じようとしなかった。

ですから、兄がいいとか弟がいいという問題ではありません。ここにおられる教会の皆さんの中でも、兄の人もいるでしょうし、弟もいるでしょう。お姉さん、妹もいらっしゃるでしょう。わたしは、五人兄弟の末っ子で弟の立場です。

3　神に向かう心

現代において、わたしたちがこの聖書を読むとき、自分が兄の立場か弟の立場かと考えるのではなく、神に対して素直であり、従順であるかということを反省することなのです。

それは神の独り子、イエス様を受け入れ、信じ、従うことを意味します。項《うなじ》を強《こわ》くするのではなく、柔らかくして、神に向かうのです。

それは、神に向かうと同時に、人にも向かうのです。そして、神に向かうと人に優しくなるではないかと思います。ファリサイ人や律法学者は、神に向かいながら、人を差別し、人を裁いているのです。人に対して、項を強くしているのです。

あるクリスチャンの女性を紹介します。最近、この証しを同じクリスチャンから知らされました。

その女性は、アパートで一人暮らしをしていました。ある夜、無言電話がかかってきました。何を言っても、何を聞いても、何も言わないのです。（この手の電話は、教会にもよくかかってきますね。）

黙ってよく耳をすませると、受話器の向こうからは人の息のようなものが聞こえます。

それから毎日、この同じ時間帯になると、必ずこの無言電話がかかってくるというのです。

怖くなった彼女は、牧師さんや教会の人たちに事情を話して祈ってもらいました。

そして彼女なりにいろいろと考えます。

「淋しい人なのかな？　しゃべれない人なのかな？　何か理由があるのかな？」

そして彼女は神さまにお祈りした後、ある決心をしました。

その日の夜、再び電話のベルが鳴りました。受話器を取ると、いつものあの無言電話でした。すると彼女は突然、

電話口で聖書を読み始め、その後イエス・キリストの愛を語り始めたのです。そして自分がクリスチャンになった証し（体験談）を毎晩毎晩一人で話し続けました。何日たっても相変わらず何の反応もありません。しかしそれでも彼女は語り続けました。それが何日も何日も続いたそうです。

しばらくすると、無言電話はパッタリと止みました。それから一回もかかってこなくなったのです。彼女は教会でこのことを話すと、皆さんは「良かったわね！　神さまが祈りを聞いてくださったのよ」と喜びましたが、なぜか彼女は暗い顔をしています。

「どうしたの？　嬉しくないの？」と訊かれた彼女はポツリと言いました。

「私はいま　大切な友人を失ったような淋しい気持ちでいっぱいです……」

たとえ電話番号を変えたり、引っ越しをしたとしても、彼女の心は

「またいつ無言電話がかかってくるかもしれないし、どこかで私のことを見ているかもしれない」という恐怖から逃れることはできなかったでしょう。

しかし、たとえ反応がなくても、電話の向こうの相手に聖書朗読と神の愛のメッセージを伝え、そして自分の証しができるということが、いつの間にか彼女にとって喜びへと変えられていたのです。

その証しが毎日できる機会を失った今、彼女はむしろ寂しさを覚えたというのです。

彼女にとっては無言電話がかかって来なくなったことが勝利なのではなく、不安と恐れから全く解放され、

むしろキリストを宣べ伝えることが喜びへと変えられた。

これこそが、まことの勝利・解放だったのではないでしょうか。

ジョン・ウェスレーは、信仰とは心の動機だと言いました。動機は、intentionです。意図、目的、意思です。どこに思いを向けているか。そこがきちんと定まれば、項は柔らかくなるのです。

神の国の不思議（マタイによる福音書21章33～46節）

マーク・トウェイン（Mark Twain, 1835～1910）に『王子と乞食』という少年向けの小説があります。皆さん、よくご存じだと思います。同じ年に生まれ、顔が双生児のように似ていたエドワード王子と物乞いの少年トムの物語です。将来王様になる境遇のエドワード王子（ヘンリー8世の息子です）と最下層の、極貧の家庭で育ったトム少年。ある時、二人が出会い、互いの服を取り替えてしまいます。乞食のぼろの服を着たエドワードは、門衛からつまみ出されます。誰も自分がエドワード王子だとは、信じません。しかし、言葉遣いも立ち居振る舞いも王の子として高貴であり、気品があります。しかし、誤解されたままで、なかなか王宮に帰ることはできません。誰も彼が王子だと信じなかったからです。

本日の聖書は、この乞食王子のエドワードを彷彿とさせる記事であります。

主イエスは、譬えを話されます。「ぶどう園と農夫のたとえ」です。33節からもう一度、お読みしましょう。

「もう一つのたとえを聞きなさい」

そして、45節――

「祭司長たちやファリサイ派の人々はこのたとえを聞いて、イエスが自分たちのことを言っておられると気づき」とあります。マルコ12章12節では「彼らは、イエスが自分たちに当てつけてこのたとえを話されたと気づいたので、イエスを捕らえようとした」と記されています。

このたとえは、23節で主イエスに「何の権威でこのようなことをしているのか。だれがその権威を与えたのか」と詰問した「祭司長や民の長老たち」に向かって語られたものであります。彼らは主イエスが語られた譬えを自分たちに当てつけた譬えと理解して、ますます主イエスを憎悪し、殺意を強く持っていきました。

この譬えは、祭司長、律法学者、長老たちというユダヤ教を代表する人たちと主イエスの対決を示す譬えでもあります。

1　権威

このぶどう園の記事は、イザヤ書5章1~7節の有名な「ぶどう園の歌」を思い起こさせます。神は、イスラエルというぶどう園を農夫に託して、その収穫を期待されるのです。よい実を結び、神の栄光を現すような国民性を育てていく。その使命を与えられたのですね。そして、ここから全世界に伝道していく。神の証人としての使命と役割を与えられたのです。しかし、指導者たちは、自分たちの一方的な支配欲、地位を維持するために搾取と差別を助長する保守性、律法を守れない人たちを罪人としていく高慢さという特権階級を形成していくのですね。

主イエスはこのイザヤ書のぶどう園を支配者たちに想い起こさせるように譬えられるのです。ぶどう園はイスラエルであり、その所有者である神からぶどう園の管理をゆだねられた農夫は、イスラエルの民の指導者たち、すなわちここで問題になっている「祭司長たち、ファリサイ派の人々、長老たち」であります。そして、収穫を受け取るために派遣された僕たちとは、神からイスラエルに遣わされた預言者たちであり、最後に送られた「愛する息子」とは神の独り子である主イエスであります。そうすると、この譬は神から遣わされた預言者たちを迫害して殺し、今や最後に遣わされた「神の子」である主イエスをも殺そうとしているイスラエルの指導者たちの罪を語っているとして理解することができます。

僕《しもべ》は預言者ですが、神の言葉でもって、糺していく、本来のものを本来のものへと導くために神の言葉を託されたのが預言者です。その預言者を無視し、殺していく。そして、最後に神はひとり子、主イエスを送られた。しかし、指導者たちは、主イエスを受け入れないで、十字架にかけ、死に至らしめたのです。

自分たちの都合のよい言葉しか受け取ろうとしない頑なさ。それがイスラエルの指導者たちだったのです。神の愛と公正、公義を無視する指導者の不信仰です。

二　悲しみ

主イエスを受け入れない心というものがあると思います。それは、十戒という掟がつまずきとなったのです。神以外のものを神としてはならない。主イエスを神、神の子、神のひとり子として信じる信仰は十戒の違反とされるのです。神を冒瀆《ぼうとく》するものとして、死刑となるものです。

信仰深く、律法を忠実に守っているものが、迫害者となる。守らないものを審く。守れない人を審く。守れない人たちとは、貧しい人たち、社会的弱者です。主イエスは、罪びとのために来られたとあります。

「医者を必要とするのは、丈夫な人ではなく病人である。わたしが来たのは、正しい人を招くためではなく、罪人を招くためである。」（マタイ9・12〜13）

祭司長たち、ファリサイ派の人々、長老たちはそんな主イエスに耐えられなかったのです。

王子と乞食の物語に似ています。王子が乞食の着物を着たために、家臣たちは本来の王子を見失うのです。王子の心、高貴さ、威厳を見ても信じなかったのです。

主イエスは、高貴、威厳、権威を持ち、神の愛の輝き、いやし、いのちの言葉を示されました。しかし、民衆は主イエスを受け入れたにもかかわらず、指導者たちは見て見ぬふりをしたのです。

それにしても、派遣された僕たちは神の代理人、全権大使のような役割です。預言者を何度も派遣したにもかかわらず、拒絶され、あまつさえ、暴力を受け、虐待され、しまいには殺戮される。そんな全権大使がいるでしょうか？　最後に、神の愛する子さえも、殺してしまうとは何という野蛮さでしょうか？　これが信仰深い祭司長、長老たちです。

神が遣わされた者を拒絶するということは、神その方を拒絶し、拒否することです。

主イエスは、罪を冒されません。悪をなさいません。他人の悪口も人を憎むこともなさらない。弱者を助け、救い、病人を癒された。愛し、ご自身を与え尽くされたのです。その方を、神冒瀆の罪で断罪し、十字架刑に処するのです。むしろ、誰がどんな権威をもって、神の子を十字架につけるのでしょうか？

主イエスの悲しみはいかばかりでしょう？　同じように、父の悲しみと痛みは察するに余りあります。それでも、預言者たちは使命を果たします。ヨナのように逃げることもできたはずです。しかし、神から派遣されたしもべは逃げることはしない。敢然と殉教の死へと赴くのです。いちぬける……やめる……のではない。自分の生きて来たことの証しを否定できないのです。語ったように生き、語ってきたように死ぬ。

これが神に従う者の務めです。

三　神の国の不思議さ

42節以下の言葉は、詩編118編22～23節からの引用です。また、イザヤ書8章14節、28章16節にも預言されています。イスラエルがつまずき、殺し、投げ捨てた主イエスが、復活によって新しい神の民の土台とされるということを証明する聖句として、福音書以外にも引用されます（使徒言行録4・11、ローマ9・33、エフェソ2・20、Ⅰペトロ2・6～8）。ここでは、農夫たちが捕まえて殺し、ぶどう園の外に投げ出してしまった息子・イエスを、神が人間の思いを超える不思議な力をもって復活させて、新しい民の土台の石とされることを予言する聖句として引用されているのです。

イスラエルが殺した主イエスを神が復活させて栄光の座につけられるという福音の根本真理へと変えられるのですね。聖書はこの引用を最後に置くことで、この譬を復活の光で照らし出すのです。人の思いを超えて、神は働かれる。これがわたしたちの信仰です。マイナスを益に変えられる神の愛とご計画です。摂理です。

わたしたちは時に失敗、挫折と思うようなことがあります。一度ならず、何度でもあるかもしれません。わたしたちは、その失敗・挫折によって、「もう駄目だ、わたしの人生はもう終わった。希望も喜びもない」

そう、絶望の叫びをあげたくなることがあります。しかし、神はそうではない。駄目だと人間が思ったときから、神は働かれる。神にゆだねるということです。

招きと応答（マタイによる福音書22章1〜14節）

先週は、月曜から火曜日に足利において、日本基督教団関東教区の開拓伝道協議会が開催されました。昨年に続いて二度目の出席でした。この開拓伝道協議会は、各県持ち回りで開催されています。今回は栃木地区で開催されたこと、わたし自身が栃木地区の地区委員長という立場であることから、出席をしました。開会礼拝説教の奉仕をしました。

集会は、25名くらいの出席でした。開拓伝道協議会ということですので、開拓伝道の教会、伝道所の牧師が多数を占めていました。しかし、日本の教会は開拓伝道の途上にあるのではないかと思います。「開拓」という言葉の意味を定かにしなければなりませんが、出来上がった教会、いわゆる大教会というのは、日本には存在しないのです。

この集会で感じたことは、出席者のほとんどが伝道の実を結ぶことに努力し、当然熱心に願い求めているということです。そして、ほとんどの教会は、同時に牧師も役員信徒は、伝道の実を結ばせることで苦労し、悩んでいるということです。

牧会している教会では、四月に教会総会をもち、一年を反省し、総括し、次の一年のためにその進路、すなわち伝道の実を結び、教会が成長し、成熟することを祈り求めます。そこでは、教会の活動が報告されます。そして、教勢と会計が報告されます。それは教会の力であり勢いです。

同じように、五月に教区総会が行われ、そこでわたしたちは、地区や教区全体の教勢と会計を知ることになります。教区や教団全体の力と勢いを知るのです。

今、日本のすべての教会に求められるのは、伝道する力と知恵であります。毎日の新聞やニュースで多用な事件が起こっています。事件の中心的な問題はこころの問題です。

魂の叫び、救いを求める叫びというものを感じます。それに対して、教会は、わたしたちクリスチャンはどう答えるか。これが教会の伝道に結びつくのだと思うのです。

1　神の招き

本日の聖書は、21章28節からの三つのたとえの最後のたとえです。

三つのたとえは、同じテーマを扱ったものです。最初のたとえは、二人の息子のたとえです。神の求めにどちらが従順であったかがテーマです。イスラエルの指導者である長老、祭司、ファリサイ派の人々と罪人とされた遊女、徴税人。律法に忠実であった指導者、律法に違反した罪人の徴税人、遊女。しかし、神に従順であったのは、罪人とされた人でした。

二番目のたとえは、ぶどう園のたとえですが、選民であるイスラエルから神なき、救いなき異邦人に、神の恵みと真理がもたらされるという主イエスの断言です。

21章43節――

だから、言っておくが、神の国はあなたたちから取り上げられ、それにふさわしい実を結ぶ民族に与えられる。

口語訳では、民族が異邦人と訳されていました。

主イエスを受け入れた人すべてに与えられる。これが神の新しい救いの計画なのです。

三つ目のたとえは、本日22章1節からであります。

イエスは、また、たとえを用いて語られた。「天の国は、ある王が王子のために婚宴を催したのに似ている。王は家来たちを送り、婚宴に招いておいた人々を呼ばせたが、来ようとしなかった。


この王とは、神ご自身、王子は御子イエスを意味します。人々とは、イスラエルの指導者を意味します。御子の婚宴とは、神ご自身が備えられたイエス・キリストによる神の国の喜び、祝福です。これが父なる神の計画でした。神は、旧約聖書、律法と預言書を通して、神の救いの恵みを通知しておられたのです。しかし、イスラエルの人々は神の招きを拒否したのです。そして、キリストを十字架につけました。それは神への反逆でもあります。神への侮辱です。

従って、神は招いていた人々から招かれていない人々に、神の国の恵みと祝福を与えようと計画されるのです。ユダヤ人以外のすべての民族に神の救いがもたらされるということですね。


8節以下を読みましょう。

そして、家来たちに言った。「婚宴の用意はできているが、招いておいた人々は、ふさわしくなかった。だから、町の大通りに出て、見かけた者はだれでも婚宴に連れて来なさい。」

そこで、家来たちは通りに出て行き、見かけた人は善人も悪人も皆集めて来たので、婚宴は客でいっぱいになった。

2　神の気前よさ

神の国の祝福は、見かけた人は誰でも招かれ、その恩恵をいただけるようになったのです。バーゲンセールです。

三越とか高島屋で半額セールをするようなものです。いやそれ以上です。若い女性たちが憧れるブランド品がありますね。高級ハンドバッグ、銀座や新宿にあるエルメスとかグッチですか、そういう高級ブランドショップがバーゲンセールを行って、ブランド品を「持ってけ！」とただ同然の値段でセールするようなものです。

余りの大盤振る舞いで、半信半疑になっているかもしれません。今までは律法を忠実に守り、行わなければ救われないと言われたのに、信じるだけで救われるというのですから。

まさしく、賛美歌にあるように「信じる者はみな救われん」なのです。

しかし、聖書を読みますと、ひとつだけ条件があります。それは何かといいますと、婚礼の礼服なのです。招待状を受け取った人は、礼服をもいただいていたのです。結婚式に出る時、礼服を着ますね。

今は、「普段着でもいいから出席してください」。そういう招待状があります。贅沢しないで、友人たちが心のこもった結婚式とパーティーを手作りでするときに、礼服を着なくてもいいってことがありますね。

3　礼服

王が客を見ようと入って来ると、婚礼の礼服を着ていない者が一人いた。王は、「友よ、どうして礼服を着ないでここに入って来たのか」と言った。この者が黙っていると、王は側近の者たちに言った。「この男の手足を縛って、外の暗闇にほうり出せ。そこで泣きわめいて歯ぎしりするだろう。」

招かれる人は多いが、選ばれる人は少ない。

婚礼の礼服とは何でしょうか？

神は、すべての人に神の国への招待状を渡しておられるのです。これが聖書です。同時に、今度は神の招きを受けたときに、それに応えて出席する人の態度と申しますか、婚宴に相応しいように用意をする。これが信仰だと思います。失礼のないように、無作法しないように、神の招きに応えるのです。しかも、その招きは御子キリストの十字架の血潮によって贖《あがな》いとられた招きなのです。

七月に入りました。二二日、二三日は特別集会を持ちます。毎年、チラシを配布しています。これは、神の国、天国への招待状です。チケットですね。チケットなしには、どこには行けません。入れません。

わたしたちが結婚式を挙げたとき、北海道に新婚旅行に行きました。交通公社に行って、旅行の予約をし、チケットを購入しました。国鉄（当時です、まだJRではありませんでした）の切符、ホテルのクーポン（宿泊券）を一揃い、お金を払い、袋に入れて保管していました。

結婚式が終わって、「さあ新婚旅行だ」。出発しようとしましたら、チケットがないのです。どこにしまったんだっけ？　家中探しました。ないのです。汽車の時間が過ぎてしまいます。結局、乗り遅れました。結婚式に駆けつけた兄弟、親戚が部屋を探しまして、見つけたのは、汽車が出たあとでした。

チケットがなければ、列車も飛行機も乗れません。「いや、お金を出して買ったよ」。そう言っても、駄目なのです。

わたしたちは、伝道集会のためにチラシを配ります。神の国の招待状です。誰にでも、招待状を渡すのです。しかし、チラシがそのまま自動的に、神の国に導いてくれるのではありません。神の国のチケットは、信仰と洗礼です。わたしたちの内に、こころの内に刻まれた神の言葉、聖霊の証印、スタンプですね。

礼服とは、キリストにある生き方を指します。新しい人を着る。キリストを着るのです。聖霊によって歩く、導かれる。そういう信仰の態度です。そこには、信仰の成長と成熟を要します。それを訓練し、養うところが教会なのです。

教会の皆さんは、チラシを受け取り、そして洗礼を受け、教会生活をして、神の国のチケットを受け取ったものです。礼服を着ているのです。それを確かなものとして、日々の信仰生活を歩きましょう。

教会と国家（マタイによる福音書22章15～22節）

クリスチャンは二つの国を持っています。ダブル国籍ですね。ひとつは現実の国家です。わたしたちは日本で生まれた日本国民です。日本人であります。アジア学院の研修生の皆さんも、それぞれの国を持っていますし、その国民です。いろいろ問題はあるにしろ、国を愛し、国をよくしようと願っています。

同時に、わたしたちは神を信じている者として、神の国にも属しています。クリスチャンです。神の国は、愛なる神の祝福と永遠のいのち、救いに満ちた喜びの国であります。

聖書は、わたしたちの国籍は天にあると記しています。（フィリピ3・20）

教会は、神の国のひながたと言われています。教会という現実の信仰生活から神の国へ通じるいのちへと移されるのです。

アジア学院の研修生の皆さんは、研修を終えると自分の国に帰ります。家族や愛する人たち、仲間が待っています。同時に、クリスチャンとして天にある都、帰るべき都としてわたしたちが目指す終着点であります。

ヘブライ人への手紙を読んでみましょう。

ところが実際は、彼らは更にまさった故郷、すなわち天の故郷を熱望していたのです。だから、神は彼らの神と呼ばれることを恥となさいません。神は、彼らのために都を準備されていたからです。（11・16）

わたしたちはこの地上に永続する都を持っておらず、来るべき都を探し求めているのです。(13・14)

どちらがよいか。二つは、矛盾するものではありません。対立するものでもありません。一方を憎み、一方を愛するものでもありません。

また、それぞれにおいて、恩恵と責任を負っています。

国は法律で国民を守ります。財産といのちです。基本的人権を保障します。教育、医療、老後の保障などです。それに対して、わたしたちは労働すること、税金を払うことを通して国家建設の一員として励むのです。

神の国は、神は永遠のいのちを与え、救いと祝福を約束されます。教会は神の国のひながたとして、クリスチャンは神の国のための奉仕、献金、献身、伝道をするのです。

しかし、教会と国家はいつもよい関係を持っていたというわけではありません。時に対立し、敵対関係を持っていたこともあったのです。

国家は自分の利益のために国民を支配し、圧政を敷くこともあります。この場合は、国家というよりも支配者、統治者と言った方がよいでしょう。国民全体の福祉のためではなく、一部の支配者、権力を持つ者が自分とその親族の利益、安定、権力維持のために国民を犠牲にする国家です。

自分たちの安寧を破る者、反抗し、批判する者に対して容赦ない攻撃を加え、弾圧や迫害、粛清を行います。専制主義、プロレタリア独裁、軍事独裁など歴史的に現れています。

イエス様の時代、聖書の書かれた時代はどうだったでしょうか？　本日の聖書です。

22章15節以下を読みましょう。

それから、ファリサイ派の人々は出て行って、どのようにしてイエスの言葉じりをとらえて、罠にかけようかと相談した。そして、その弟子たちをヘロデ派の人々と一緒にイエスのところに遣わして尋ねさせた。「先生、わたしたちは、あなたが真実な方で、真理に基づいて神の道を教え、だれをもはばからない方であることを知っています。人々を分け隔てなさらないからです。ところで、どうお思いでしょうか、お教えください。皇帝に税金を納めるのは、律法に適っているでしょうか、適っていないでしょうか。」

ここでは、二つの問題があります。

1　罪人は群れる

一つは、ファリサイ派とヘロデ派の人々の欺瞞です。「言葉じりをとらえて、罠にかけようとした」とあります。ファリサイ派の人々とは、宗教指導者であり、教育者です。人々に尊敬され、権威を持っていました。ヘロデ派とは、愛国主義の一種で、反ローマを掲げていました。ユダヤの独立を志向する一派です。ファリサイ派とヘロデ派は互いに対立していたのですが、主イエスを敵とする点において一致したのです。「敵の敵は味方」と見做します。政争です。悪は悪のために、悪と手を結ぶのです。それは、罪も同じです。罪は、一度罪に陥ると、見さかい無しに落っこちます。ついに正義や光を憎むようになります。

主イエスの裁判の時にも、似たようなことが起こります。

ルカ23章12節――

「この日、ヘロデとピラトは仲がよくなった。それまでは互いに敵対していたのである。」

2　皇帝のものは皇帝に

どちらも、主イエスが邪魔であり、自分たちを危うくする存在でした。ファリサイ派とヘロデ派が主イエスの足を引っ張り、罠にかけようとしたのは、税金のことでした。これが二つ目です。

当時、イスラエルはローマ帝国によって支配されていました。ローマの権力の意向に逆らわない限り、平和はありました。その第一は税金を納めることです。

税金はいつの時代、どこの国においても国家建設のための必要事項です。当時、ローマが征服した国に課した税金は三つあると言われます。第一は、地税でこれは穀物や農産物の税です。日本でも租・庸・調の三つがありました。二つ目が所得税です。収入の一パーセントでありました。三つ目が人頭税で、14歳から65歳までの男子と、12歳から65歳までの女子が納めるもので、その額は一デナリです。一デナリは当時の労働者の一日の賃金に等しいと言われます。

今の日本の税制はどうでしょうか？　所得税、県民税・市民税、消費税、そして間接税ですね。ガソリンやたばこ、酒、米などに税金が課せられています。

ここで問題になっているのが、人頭税です。ファリサイ派の質問は、主イエスを窮地に追い込むものでした。もし主イエスが税金を納めなくてもよいといえば、ローマに対する反逆としてファリサイ派の人々はイエスを訴える口実となるのです。また、納めることが必要だと言えば、イスラエルの民衆の人気を失うことになります。

どちらにしても、ファリサイ派と律法学者は主イエスを目の上のたんこぶ、自分のたちの平和と秩序を乱すものとして追い落とすのは狙いだったのです。そこで主イエスの言葉。

18～21節――

イエスは彼らの悪意に気づいて言われた。「偽善者たち、なぜ、わたしを試そうとするのか。税金に納めるお金を見せなさい。」彼らがデナリオン銀貨を持って来ると、イエスは、「これは、だれの肖像と銘か」と言われた。彼らは、「皇帝のものです」と言った。すると、イエスは言われた。「では、皇帝のものは皇帝に、神のものは神に返しなさい。」

彼らはこれを聞いて驚き、イエスをその場に残して立ち去った。

当時の銀貨は、皇帝の肖像が刻まれていました。そして、コインには「アウグストゥスの子、神なる皇帝ティベリウス・カエサル」と銘記されていました。神なる皇帝と刻まれたコインを使用することさえ、ユダヤ人の多くは屈辱でしたし、神の像を刻んではならないとある十戒の第二戒に違反する罪として、コインに触れることさえも罪としていたのです。

3　神のものは神に

わたしたちは、この世に生きている間は、この世の法則、法律や規定に従わねばなりません。それが「皇帝のものは皇帝に」の精神だと思うのです。しかし、神の国に属する者として「神のものは神に返す」ことが必要なことがあるのです。

それは具体的に何を指しているのでしょうか？　主イエスは明確に仰りません。聖書も明記しません。しかし、聖書全体を通して、福音書を通して語られた主イエスの言葉を通して、わたしたちは理解し、推察することが出来ると思います。

いのちは神からいただいたもの、すべては主のものとの告白をしています。それに相応しく行動し、神に答えて行くことができるのであります。

本日は、「教会と国家」と題した説教です。「教会と国家」は緊張した関係であり、同時にキリスト者としても国民としても責任と義務を負う関係でもあります。しかし、本質的にキリスト者はある意味では、国家を超越した存在でもあると思います。それは、わたしたちの「主」は、キリストにあるからです。キリストの支配にある。これが教会でもあります。

支配と申しましたが、支配とは何か？　国家の支配は、力です。権力ですね。従わないものには、力でかかってきます。しかし、キリストの支配は愛であります。ですから本当の意味では、支配ではなくて、服従、従順なのです。キリストがそうであられたように、わたしたちも従順なのです。神に従うという信仰です。しかし、条件があります。キリストへの信仰が脅かされるという時がきたらどうするか、という切羽詰った問題が生じる時があります。

戦争中、キリスト者は踏み絵を踏まされました。宮城遥拝、天皇の写真（ご真影）に対する敬礼、靖国参拝などを強制しました。聖日礼拝の前に、それをしなければ教会として認められなかったのです。権力に対する恐れからです。

日本は韓国・朝鮮や中国、台湾、東南アジア諸国に対しても、この方針を貫いて、占領地に天皇支配を明確にしました。まさしく、皇帝の肖像、銘が印されているコインを強制したのです。

それに抵抗した韓国の教会、中国の教会は徹底的に弾圧、迫害されました。多くの殉教者が出ました。しかし、日本の教会は無力だったのです。

戦後、教団の議長であった鈴木正久牧師が「第二次大戦下における日本基督教団の戦争責任告白」を作成しました。残念ながら、教団の信仰告白とはなっていませんが、これは大切な告白だと思います。この一部を紹介します。

「第二次大戦下における日本基督教団の戦争責任告白」

……「世の光」「地の塩」である教会は、あの戦争に同調すべきではありませんでした。まさに国を愛する故にこそ、キリスト者の良心的判断によって、祖国の歩みに対し正しい判断をなすべきでありました。しかるにわたくしどもは、教団の名において、あの戦争を是認し、支持し、その勝利のために祈り努めることを内外にむかって声明いたしました。まことにわたくしどもの祖国が罪を犯したとき、わたくしどもの教会もまたその罪におちいりました。わたくしどもは「見張り」の使命をないがしろにいたしました。心の深い痛みをもって、この罪を懺悔し、主にゆるしを願うと共に、世界の、ことにアジアの諸国、そこにある教会と兄弟姉妹、また我が国の同胞に心からのゆるしを請う次第であります。（１９６７年3月26日　復活主日）

地の塩、世の光の役割としての教会、それは同時に見張りの役割を持つということです。預言者的な使命です。教会が託されている使命です。これがなくなったら、塩の役目をなくしたものだと主イエスに叱責されると思います。

見張りの役、預言者の使命とは何でしょうか？

神の言葉の取次ぎです。神の言葉を宣べ伝えることです。基準は聖書です。自分の意見や思想ではない。そして、罪の弾劾、指摘です。そこには、権力者、天皇であっても、総理大臣であっても否は否として、神の言葉を伝えることが必要です。

教会はそのように立つところに、見張り役、世の光、地の塩の役目が果せるのです。

いつも目を覚まして、キリストの愛の支配と神の国を待ち望む信仰を持ち続けましょう。

生きている者の神（マタイによる福音書22章23〜33節）

1　レビレート婚

古代イスラエルでは、レビレート婚という結婚に関する掟がありました。レビレート婚とは、ある夫婦があり、その夫婦に子どももいないままに夫が亡くなった時、夫の兄弟が義理の姉または妹と結婚して、子孫をもうけるという制度です。その子どもは、兄または弟の子どもとなり、その兄または弟の名前を残すために結婚するのです。申命記25章25節以下に、その制度の詳細が記されています。

このレビレート婚についての具体的な聖書の記述は、実は創世記38章に出て参ります。ヤコブの十二人の息子のひとり、ユダには男の子どもが三人いましたが、長男はタマルという女性を妻に迎えます。しかし、まもなく長男は亡くなるのです。そのため、次男のオナンがこの掟に則って、兄の妻を自分の妻とするのです。しかし、子どもが生まれても自分の子どもにならないために、子種を地面に捨てるということをいたします。このことは、神の怒りにあい、オナンは死んでしまうのです。三男はまだ幼く、タマルの夫となるには、若すぎるのです。それで、三男が大人になるまで待たなければなりません。しかし、三男シェラが成人した時、タマルは結構な歳になっているのです。かなりの姉さん女房ということになるのです。

タマルは、シェラと結婚できないのを知ると、姦計を謀ってユダと関係を持ち、舅ユダによって子どもを孕むのです。赤裸々に、またはおおらかにと申しますか、聖書はこの記事を大胆に描くのです。

人間のなすことは、不完全であり、正しい者などいない。清い者もいないのだ、と。ただ、神は全知全能であり、神のみむねのみがなされる。
これが聖書のメッセージです。

タマルによって生まれたユダの子孫に、ダビデが、そしてイエス様が生まれます。神のみわざは、人間の思い、限界を超えて働かれるのです。

本日の聖書は、このレビレート婚に関するサドカイ派と主イエスとの問答という形になっています。サドカイ派の人々とは、ダビデ・ソロモンに時代に大祭司として重要な働きをしたザドク（ツァドク）の子孫と言われ、主イエスの時代は祭司や貴族としてイスラエルの支配階級に属していました。そのため、イスラエル及び当時の世界を支配していたローマに忠実であり、ローマ支配の中で自分たちの特権を維持していたのです。信仰的には、祭司でありながら、支配階級の人々ですから現世利益優先の人々でした。ファリサイ派の人々が天使や霊の存在、復活、あの世（天国）での報い、審判などを信じているのに対して、サドカイ派は、モーセ五書、創世記から申命記の五つのみが神の言葉であると信じ、モーセ五書に何ら言及がない天使や復活、未来の審判などを信ぜず、旧約でも預言書や詩編なども軽んじていたのでした。

復活や天国、未来の審判のことを信じていたファリサイ派の人たちと、復活や天使、霊の存在を否定するサドカイ派の人たちは互いに反目し合い、抗争を続けていたのです。

2　復活の身体

ファリサイ派の人々は復活や天使、霊の存在を信じていたと申しましたが、とくに身体の復活を信じるあまり、サドカイ派の人々からは余りに迷信的であり、脱線していると反発をされていたことも事実なのであります。どういうことかと申しますと、死人は着物を着て復活するとか、その着物は死んだ時に着ていたものだとか、甦りの時に本人かどうかがわかるために、癖や顔かたちの容貌がそのまま現れる（めがねを掛けていたとか髭をはやしていたとか、はげていたとか髪を長かったとか短かったとか……）とかですね。そして、復活の時は、生きている時と同じ状態で復元して現れると考えるので、夫婦の性の営みや肉体的な喜びや楽しみも回復されるとまで信じていたようなのです。

これって、わたしたちの日本の風習と同じだと思います。先日、スーパーに買い物に参りました。そこで販売の呼び込みが行われていました。

「盆の入りになりました。年に一度、地獄のふたが開きます。亡くなったご先祖様の霊魂が懐かしい我が家に帰って来ます。お盆饅頭をもってご先祖様の霊魂を迎えましょう。地獄では水もなく、おいしい食べ物も食べられません。苦しまれています。ご先祖様を供養するために、このおいしいお盆饅頭を仏壇に備えましょう」。

そういった口上を繰り返しているのです。聞きたくもないお盆饅頭の宣伝を聞きながら、買い物をしました。これって、かなり苦痛でした。覚えてしまったくらいですから。

第一、盆は新でも旧でも十三日から十六日ですよね。まだ早いのではないか？　商魂たくましいとは、このことかと思います。

でも、今日の説教に使えるとは思ってもいませんでしたが……。

盆の由来は、釈迦の弟子が夢を見た。その夢は弟子の母が地獄餓鬼道に落ち、逆さ吊りされて苦しんでいる。逆さ吊りが、盂蘭盆というサンスクリット語であるそうです。それを聞いた釈迦が、多くの供物を備えて供養すればいいと言ったとか。その話しを忠実に行ったところ、母が極楽往生した。めでたし、めでたしということだそうです。

聖書のルカにも同じような話しがありますね。ルカ福音書16章19節以下。

この話しは、わたしたちクリスチャンにも大きな影響を与えます。復活のとき、家族に会う。妻は夫に、夫は妻に、子は親、親は子に会うのです。教会の兄弟姉妹も互いに会うことでしょう。主にある兄弟姉妹です。しかし、どのように認識するでしょうか？　ＩＤ（アイデンティティー）という言葉がありますが、どこでそのＩＤを認識できるでしょうか？

また、もう一度生まれ変わっても、あなたと夫婦でいたい。親子でいたい。そういう思いを持たれる夫婦や家族は大勢いらっしゃいます。夫婦愛、家族愛が深く、大切なことです。死後の世界、及び復活のとき、どうなるのでしょうか？　これはクリスチャンにとって大事なことであります。

このことを、サドカイ派の人々は主イエスに尋ねるのです。

24～28節――

「先生、モーセは言っています。『ある人が子がなくて死んだ場合、その弟は兄嫁と結婚して、兄の跡継ぎをもうけねばならない』と。さて、わたしたちのところに、七人の兄弟がいました。長男は妻を迎えましたが死に、跡継ぎがなかったので、その妻を弟に残しました。次男も三男も、ついに七人とも同じようになりました。最後にその女も死にました。すると復活の時、その女は七人のうちのだれの妻になるのでしょうか。皆その女を妻にしたのです。」

これはレビレート婚のことですね。

29～33節――

イエスはお答えになった。「あなたたちは聖書も神の力も知らないから、思い違いをしている。復活の時には、めとることも嫁ぐこともなく、天使のようになるのだ。死者の復活については、神があなたたちに言われた言葉を読んだことがないのか。『わたしはアブラハムの神、イサクの神、ヤコブの神である』とあるではないか。神は死んだ者の神ではなく、生きている者の神なのだ。」群衆はこれを聞いて、イエスの教えに驚いた。

3　生ける者の神、生ける神

主イエスは、答えられます。

復活の時には、めとることも嫁ぐこともなく、天使のようになる。

そこには、夫婦生活や結婚、生殖において子どもが生まれるようなことはないということですね。パウロは、肉のからだに対して霊のからだとして表現しています。自然の命の体と霊の体です。

『わたしはアブラハムの神、イサクの神、ヤコブの神である』とは、出エジプト記3章6節において、ご自身を啓示された神の言葉です。アブラハム、イサク、ヤコブと三代に亘って、その人生を導き、祝福を約束された神がモーセにおいて生ける神としてご自身を現されたのです。

アブラハムもイサクもヤコブもその信仰は、現代のわたしたちの信仰の模範として生きています。

そして何よりも、神は「わたしの神である」ということです。「わたしの救いの神、わたしを罪から贖いだし、まことのいのちを与え、祝福される神」であるのです。

このことを毎日何度でも、繰り返し、確認することは大切なことですね。祈りのとき、瞑想する時、何をするにも、神はわたしとともにいまし、祝福を与えてくださる。

今、ここに、神はわたしと共におられる（インマヌエル）のです。その信仰があると、わたしたちは死んでも、すなわち、あの世に行っても、神はわたしたちと共におられるのです。

神がおられるところでは、死はないのです。そこには、いのちしかありません。永遠のいのちとは、神がおられるところにいのちがあるゆえに、信仰をもっているわたしたちもまた、神とともにいることで死んでも生きることになるのです。

ヨハネ11章23節以下を読んで終わりにします。このところは、ラザロの復活のところです。

イエスが、「あなたの兄弟は復活する」と言われると、マルタは、「終わりの日の復活の時に復活することは存じております」と言った。イエスは言われた。「わたしは復活であり、命である。わたしを信じる者は、死んでも生きる。生きていてわたしを信じる者はだれも、決して死ぬことはない。このことを信じるか。

この主イエスの言葉は、キリストを信じ、キリストに結ばれている者は永遠に生きることを意味しているのです。荒唐無稽な話ではありません。これがキリスト教の信仰であり、いのちに対する教えです。キリストにあるときに、死はないのです。この信仰によって、生きましょう。主がともにおられ、わたしたちの神となっておられるのです。

愛の礼拝（マタイによる福音書22章34〜46節）

1　旧いものと新しいもの

先週礼拝は、六日でした。水曜日は九日、そして明後日は十五日です。これらの日は言うまでもありません。六日は広島に原爆が落とされた日、九日は長崎に原爆が投下された日、そして十五日は日本が戦争に負けた日です。八月のこの時期になりますと、テレビや新聞などの報道は、戦争と原爆を特集としています。毎年、毎年、繰り返して戦争と原爆を特集しています。

一部の人は、「またか……。もういい。飽きた。別のことやらないか」と、考えている人もいるかと思います。日本は、明治維新から富国強兵政策を断行して「欧米列強諸国に追いつき、追い越せ」を合言葉に猛スピードで走ってきました。日清・日露戦争、第一次世界大戦、中華事変、満州事変を経てアメリカに戦争布告をし、破滅の道を辿りました。

その結果が東京大空襲、沖縄戦、そして広島・長崎です。多くの貴い人命が失われました。日本だけではありません。むしろ日本は加害者の立場でもあったのです。韓国・朝鮮、中国、日本の軍隊が占領した東南アジア諸国では、日本軍により多くの人たちが殺されました。

日本の敗戦は、韓国・朝鮮、中国、東南アジア諸国では、解放の日、喜びの日であります。

戦争を起こしてはならない。人を殺してはならない。平和のために、力を尽くすべきであること。これは、原爆を経験した日本人のこころですが、同時にそれは聖書の教えるところでもあるのです。キリスト者は、和解の使者として平和をもたらす道具として派遣されるのであります。

今日の聖書は、申命記六章がもとにあるところです。この申命記6章4節から9節は、シェマーと言われます。シェマーとは、「聞け」という意味です。「聞きなさい、よく注意しなさい。肝に銘じなさい」。そういう意味です。何を聞くのか、肝に銘じるのか？

4〜9節——
聞け、イスラエルよ。我らの神、主は唯一の主である。あなたは心を尽くし、魂を尽くし、力を尽くして、あなたの神、主を愛しなさい。今日わたしが命じるこれらの言葉を心に留め、子供たちに繰り返し教え、家に座っているときも道を歩くときも、寝ているときも起きているときも、これを語り聞かせなさい。更に、これをしるしとして自分の手に結び、覚えとして額に付け、あなたの家の戸口の柱にも門にも書き記しなさい。

主なる神を愛すること、それも心を尽くし、魂を尽くし、力を尽くして神を愛するのです。それを子々孫々にまで語り伝えるのです。しかも、家に座っている時も、寝ている時も起きている時も語り聞かせるのです。いい加減疲れますよね。「もういいよ。分かっているから」、そう子どもたちは親に対して反抗するかもしれません。でも根気強く、親から子へ、子から孫へ、代々語り伝えたのです。

実は、ユダヤ人はこのシェマーと申命記11章13〜21節、民数記15章37から41節を信仰告白として毎日朝夕二回唱えるのが義務付けられているのです。毎日繰り返し唱えているのです。その中心は何か？　神の愛です。エジプトで四百年間奴隷のような状態でいたイスラエルを神は導き出し、救い出された。数々の奇蹟を行われ、神が生きていますことを示された。そのことを想い起こし、感謝し、礼拝をささげるのです。

靖国神社参拝で小泉首相が十五日に行くかどうかが話題になっています。その参拝問題で、中国や韓国の指導者、マスコミは神経をぴりぴり尖らせています。中国の国家主席であった江沢民《チアンツーミン》（こうたくみん、1926～）さんの著作集が出版されるとのことで、その内容の一部が公開されました。それは、日本の侵略、中国人に行った戦争犯罪を子々孫々に至るまで永久に語り続けよ、忘れてはならないということだそうです。

韓国も北朝鮮も東南アジア諸国も同じだと思うのです。それを忘れて、若い人たちが「もう過去のことだ。戦争を知らない僕たち若者が、これからの関係を築き上げればいい」そんなことを言っても、通用しないのですね。

2　神を愛するとは？

さて、本日の聖書についてですが、ファリサイ派の人々は、イエスがサドカイ派の人々を言い込められたと聞いて、一緒に集まった。そのうちの一人、律法の専門家が、イエスを試そうとして尋ねた。「先生、律法の中で、どの掟が最も重要でしょうか。」

イエスは言われた。「『心を尽くし、精神を尽くし、思いを尽くして、あなたの神である主を愛しなさい。』これが最も重要な第一の掟である。第二も、これと同じように重要である。『隣人を自分のように愛しなさい。』律法全体と預言者は、この二つの掟に基づいている。」

ここのところは、ファリサイ派のひとりで律法の専門家が主イエスを試そうとして尋ねるのです。そこには、意地悪さがあります。何とか主イエスを貶《おとし》めようとの暗い魂胆があります。

その思いを主イエスは承知されながら、答えられます。申命記6章の言葉です。第二の『隣人を自分のように愛しなさい。』は、レビ記19章18節の言葉です。

主イエスは、この二つの言葉を引用して律法と預言者、すなわち聖書全体を通して大事なのだと言われるのです。（ちなみに、マルコ12章28～34節、ルカ10章25～28節では、状況は違っています。マルコでは、律法学者は主イエスから「あなたは、神の国から遠くない」ほめられています。ルカでは、このあとで隣人とは誰かということに対して、「よきサマリヤ人のたとえ」が語られます）

では、神を愛するとはどういうことでしょうか？　まず、神がわたしたちを愛してくださっておられる。そのことを理解しないと神への愛は起きません。神への恐怖心、地震とか雷のような天変地異をもってご自身の力を現し、たたりを恐れ、呪いから逃れるために神を信じる。そんな信仰ではないのです。神がわたしたちを愛しておられる。これが基本です。

イスラエルの民は出エジプトを導いた神を忘れることなく、信仰告白をします。毎朝、毎夕、繰り返して。わたしたち、新約に生きるものは、主イエス・キリストの父なる神を信じ、いつも主の祈りを祈り、日曜日ごとに信仰告白を告白します。それは、キリストの十字架の贖いと救いのゆえです。

それは、礼拝です。日曜日ごとの礼拝は、公同の礼拝です。これだけが礼拝ではありません。礼拝はいつでも、どんな時でもできるのです。聖書のことばを読む、こころに神を賛美する、祈り心を抱いて神に祈る。声を出しても、心の中で唱えても。それが礼拝です。密室の祈り、デボーションも礼拝なのです。家庭礼拝。「ふたりまたは三人がわが名によって集まる時に、わたしはいる」。そこに礼拝がなされているのです。

日曜日は、公同の礼拝としてあるのです。日毎の礼拝がなされている、その恵みの延長線上に公同の礼拝があり、共に（みんなと一緒に）神を賛美し、祈り、み言葉に聴き、新しくされて一週を始める。そこに、キリスト者としての力が注がれるのです。

その神への愛を現すのが、公同の礼拝でもあります。心を尽くし、精神を尽くし、思いを尽くし、力を尽くして神を愛し、神を礼拝するのです。

以前にもお話ししたことがあると思いますが、毎朝四時三十分に起きます。十分後には、会堂に入って聖書を読み、祈祷をします。教会のこと、皆さんのこと、幼稚園やアジア学院、エルムの園、もろもろのことを祈ります。そして、祭壇の角に頭をつけます。跪くのです。平伏《ひれふ》すのです。

3　隣人を愛する

隣人とは、よきサマリヤ人のたとえにあるとおりです。それは、自分を含めた社会、および世界です。ドストエフスキーは、世界を愛するといいながら、現実の隣にいる人を愛さないことだってできる、と言いました。博愛主義者は、目に見えない全世界を愛することはできるが、目に見える隣にいる小さな人、貧しい人、弱い人、現実の人を受け入れ、世話をすることを厭《いと》うことがあります。

同じように、神を愛するといいながら、人間を憎むことだってできるのです。でも、それは神のみこころではありません。

人間嫌いのクリスチャンは少なからずいらっしゃると思います。いろいろなことがあって、人間に失望し、受け入れることをやめ、愛することをやめたということもあろうかと思います。

でも、主イエス・キリストの十字架によって贖いだされ、救われ、永遠のいのちを与えてくださる神の愛と恵みを感謝し、日毎に新しくされて世に出て行きたいと思うのです。

それが伝道です。福音を宣べ伝えることであります。

自分のようなものを愛してくださる神は、わたしたちの隣人をも同じように愛されているのです。

八月十五日を迎えます。改めて平和の貴さを思い、そのために尽くされた多くの先達の祈りと努力、奪われた人命を想い起こし、感謝して、わたしたちが平和を作り出す務めを果したいと願います。

今は、平和を壊す力が働いています。

仮面の人生

（マタイによる福音書23章1〜39節）

八月十五日、敗戦の日に小泉さんが「内閣総理大臣　小泉純一郎」と記帳して靖国神社に参拝しました。世論調査では調査対象者の半分以上が参拝を肯定的に評価したそうであります。新聞報道によれば、またテレビのニュースでも、小泉さんは八月十五日に参拝した理由を三つ挙げました。皆さんは、その内容についてすでにご存知であろうと思います。かなり強引な弁解、まさに強弁ですが、小泉人気といい、後継者と目されている安倍晋三さんが靖国参拝を人知れず四月に靖国参拝を行ったことを思うと、日本は予想以上に右傾化しているように思います。

ところで、小泉さんの靖国神社参拝の強弁によって、はからずも「靖国メソッド」という言葉が巷で流行になっていることをご存知でしょうか。この「メソッド」(method) という言葉が今非常に流行しているようですね。みのもんたメソッドという言葉もあります。

この「靖国メソッド」は、靖国参拝にからんで中国や韓国から靖国参拝を批判されてきました。「いつ参拝してもいろいろ批判・非難されるからいっそのこと八月十五日にしたのだ」。これは小泉さんの開き直りです。また、憲法違反という質問に関しては、信仰の自由を盾にしてきました。一国の総理大臣にしては余りにも幼稚でお粗末な考え方でがっかりしました。信教の自由を言うなら、国の行政責任者として「政教分離」をきちんとしなければならないと思うのですが……。

この「靖国メソッド」は、小泉さんの強弁を皮肉っているのですが、いろいろな使われ方をするようになりました。たとえば、いま子どもたちは夏休み中ですが、ある小学校五年生の男の子がお母さんに「夏休みの宿題はやったの？　ゲームばっかりして……」と小言を言われました。そのとき、男の子はお母さんに答えました。「いつやってても同じだよ。いつやってもどうせ成績落ちたって言われるんでしょ」。そう言って、彼は国体維持に成功したそうです。「小泉首相もお陰で、もう親にはペルソナ3のことで文句言わせない」と自信満々になったそうです。何とも、子どもの教育やしつけに悪いお手本を小泉さんは残したものです。

悪乗りかもしれませんが、この暑さが続くために牧師が、

「どうせ盆や夏休みで信徒は礼拝に来ないんだ。おれも手を抜いて説教、短く済ませよう」、

そういうメソッドとして応用できるのです。

牧師がそうなら、信徒も「どっちみち礼拝に行ったって、牧師が相変わらずつまらない説教しかしないし、家で高校野球のテレビ中継見たほうが骨休みになるさ」というようにも応用できるのです。

さて、本日の説教は「仮面の人生」という題にしました。聖書のテキストを読みますと、イエス様は徹底的に律法学者とファリサイ派の人々を厳しく非難されています。こんなに憤激を露にされるイエス様はないのではないでしょうか。エルサレム神殿で「神の家をどろぼうの巣にしている」と両替人や鳩を売る商人の台や腰掛を実力行使して倒された荒々しいイエス様と同じ姿を見ます。

1　律法学者とファリサイ派の人々の罪

とくにこのところは、イエス様が律法学者やファリサイ派の人々を「偽善者」として非難されるところです。

まず1節から12節では、律法学者やファリサイ派の人々の性格が露呈されます。権威に胡坐《あぐら》をかいている姿です。

「律法学者たちやファリサイ派の人々は、モーセの座に着いている。だから、彼らが言うことは、すべて行い、また守りなさい。しかし、彼らの行いは、見倣ってはならない。言うだけで、実行しないからである。彼らは背負い

きれない重荷をまとめ、人の肩に載せるが、自分ではそれを動かすために、指一本貸そうともしない。そのすることは、すべて人に見せるためである。聖句の入った小箱を大きくしたり、衣服の房を長くしたりする。宴会では上座、会堂では上席に座ることを好み、また、広場で挨拶されたり、『先生』と呼ばれたりすることを好む」。

何かボロクソですね。

しかも、13節以下になると、もっと徹底的に裁かれます。

「律法学者たちとファリサイ派の人々、あなたたち偽善者は不幸だ。人々の前で天の国を閉ざすからだ。自分が入らないばかりか、入ろうとする人をも入らせない」。

15節──

「律法学者たちとファリサイ派の人々、あなたたち偽善者は不幸だ。改宗者を一人つくろうとして、海と陸を巡り歩くが、改宗者ができると、自分より倍も悪い地獄の子にしてしまうからだ」。

これも厳しいですね。

教会は救われる人が起こされるようにと伝道し、信じた人に洗礼を授けてクリスチャンとなりますが、場合によっては信仰する前よりも悪い状態になる人もいます。

ここで「律法学者たちとファリサイ派の人々、あなたたち偽善者は不幸だ」とイエス様は七度言われています。「不幸だ」という言葉は、「ウーアイ ouai」というギリシャ語で深い哀しみや憤りを込められている感嘆詞です。口語訳では「わざわいである」と訳されていました。

マタイ5章で「さいわい makarios」を語られたのとは対照的です。

2　偽善者とは？

イエス様は、律法学者とファリサイ派の人々を厳しく非難しますが、何がわざわいなのでしょうか？　不幸なのでしょうか？

それは、彼らの偽善のゆえであります。偽善はヒュポクリシス（hypokrisis）です。下心、偽装、欺瞞と訳されますが、一番の意味は背神です。それは神を無視する人間を指しているのです。

この言葉は、もともと「演技」を意味して使われていた言葉です。昔の演技者は仮面を被って演じていました。これが律法学者やファリサイ派に関して用いられたということは、彼らが律法や十戒を信じて、あたかも立派な信仰者であるように装いながら、つまり演技をしていて、それは仮面を被って演技をしているだけなのだ。本当は、つまり仮面の下の素顔は欲望に満ち、神に反し、神を裏切っているのだ。そのように聖書は律法学者とファリサイ派の人々を断罪しているのです。

もう一度申し上げますが、イエス様は、律法学者やファリサイ派の人々は信仰熱心を装っているが、本当は演技であって神への背神行為なのだと言われるのです。イエス様が律法学者、ファリサイ派の人々の仮面をはがされるのです。それゆえに彼らはわざわいであり不幸なのです。神によって裁かれるからです。

実は、そういう叱責によって、悔い改めの機会があるのです。偽善者はもともと自分の演技性、仮面を被っていることを知っていることが多いのです。そして、ほとんどの人たちがそのような仮面の人生を送っているのだと思います。

わたしもそのひとりでしたし、いまもそうであるかもしれません。「先生、先生」と呼ばれていますし、医師、教師、牧師と「師」がつくものほど、偽善者はいないと一般に言われます。いやでも上座につけられます。真ん中に座らせられます。これは職責上のことであって、人間的なことではないことを承知しています。

カトリックの司祭は、「父」（ファーザー）と呼ばれます。「兄弟」（ブラザー、シスター）ではないのです。牧師は、ファーザーではありません。それだけ、神の前に襟をただし、謙虚でなければならないと思います。

3　仮面の人生

大事なことは、仮面の人生であっても、神の前で悔い改めるチャンスが与えられていることです。それに気づくことです。自覚し、その時、素直に神の御前に仮面をぬいで、素面の顔を、こころをさらすことです。さきほどの「靖国メソッド」で言うなら、神はどっちみち、仮面も素面も知っておられる。同じことなら、被った仮面をはがして素面をさらけ出そう。素面で生きていこう。

これだと思うのですね。

わたしたちの人生は、仮面を被らなければ生きていけないものだと思います。素直に、素面で生きていこうと思えば、傷つき、病み、挫折します。似非信仰者、権威を持つ人たち、体制側の人たちからひどいハラスメント（いやがらせ）を受け、疎外され、のけ者とされます。

体制におべっかを遣い、順応し、自分を隠し、日陰の生活を余儀なくさせられることになります。自分を表現し、自己主張すれば、「出る杭は打たれる」の諺のように、こっぴどく頭を叩かれます。

自分を守るために仮面を被ることだってあるのです。

しかし、神の御前にはそんなことは必要ありません。こころを露にしていいのです。こころと身体の武装を解いていいのです。神の前に完全武装する必要はありません。平和です。茶室に入るには、武器は所持できません。こころを解くのです。

ペルソナ（persona）というラテン語の言葉があります。パーソン、パーソナル、パーソナリティーという英語の元の言葉です。ギリシャ語では、ヒュポスタシスですが。人、人間、人格という意味です。実は、このペルソナは仮面でもあるのです。

この言葉は、現代のわたしたちにとって大切な言葉です。もう一度申しますと、これは人格であり、独立した個人としての人間性を表わす言葉です。心理学、哲学、芸術、宗教の分野で人間自身を表わす言葉なのです。心理学や哲学で言うペルソナは、人格であり、性格なのです。キャラクターですね。それは演劇でも使われます。性格俳優だとか……。役なのです。仮面なのです。

しかし、何度でも申しますが、神の前では役は必要ないのです。むしろ、心理学や哲学、演劇でいう性格が、もともとの自己自身と一致する。そういうことだってあるのです。

つまり、変えられるのです。あるべき性格、人物、人格へと神によって造り変えられる。

これがわたしたちの信仰なのです。

偽善者歓迎なのです。偽善者でない人はいない。しかし、神の御前にあって、仮面をぬぎましょう。ありのままのこころ、ありのままで自分自身でありえるのです。そして、そこに自分自身は本来の自分自身でありえるのです。自己の統一性がもたらされるのです。

その時、自己が自己を見出すのです。別の言葉で言うならば、その時、わたしたちは自己自身を見出し、そして神を見出すのです。

終わりの日（マタイによる福音書24章1～14節）

始まりがあるから、終わりもある。
わたしは、アルファであり、オメガである。はじめであり、終わりである。

東日本大震災以来、地震や震災について報道がなされています。今まで聞いたこともなかった東海トラフ、南海トラフと言った言葉がニュースに出てくると、「ああ、プレートによって引き起こされる震災か」と理解できるようになりました。南海トラフは、四国の南の海底にある水深４０００メートル級の深い溝（トラフ）のことですね。非常に活発で大規模な地震発生帯でもあります。ちなみに南海トラフ北端部の駿河湾内に位置する溝が駿河トラフとも呼称される。このプレート動きによって、惹き起されるのが富士山の噴火です。富士山の噴火はいつ起こっても不思議ではないと言われます。２００年前に噴火は、かつての江戸、現在の東京でも重大な自然災害が発生したのです。

1　神殿崩壊の予告

本日の聖書、マタイによる福音書24章1節から読みましょう。
イエスが神殿の境内を出て行かれると、弟子たちが近寄って来て、イエスに神殿の建物を指さした。そこで、イエスは言われた。「これらすべての物を見ないのか。はっきり言っておく。一つの石もここで崩されずに他の石の上に残ることはない。」

このところは、マルコ13章1節では、弟子たちが神殿を見上げて感嘆して言います。「先生、御覧ください。なんとすばらしい石、なんとすばらしい建物でしょう。」

そこで、主イエスの言葉となるのです。

マタイ24章1節に、「イエスが神殿の境内を出て行かれると」とありますが、いつ神殿に入られたかというと、21章12節からということになります。

それから、イエスは神殿の境内に入り、そこで売り買いしていた人々を皆追い出し、両替人の台や鳩を売る者の腰掛けを倒された。

これが宮清めですね。わたしの父の家を強盗の巣にしてしまったとお怒りになるところです。ここから祭司長たちや律法学者との論争が記されます。

こうして、イエス様と弟子たちとがエルサレム神殿の境内を出るにあたって、弟子の一人が言うのです。

「先生、御覧ください。なんとすばらしい石、なんとすばらしい建物でしょう。」

神殿の壮麗さに改めて驚嘆しています。この時の神殿は、バビロン捕囚の際、バビロン軍によって、神殿は徹底的に破壊されました。ソロモンの神殿ですね。捕囚後、帰国したネヘミヤたちによって再建され、第二神殿と呼ばれるようになります。これをヘロデ大王が修築したもので、大理石に輝く華麗な神殿は、当時のヘレニズム世界の「七つの驚異」の一つとされていたとのことです。ヘロデ大王による修築工事は紀元前一九年に始められ、紀元前九年には一応献堂されますが、さらに工事は継続されたと言われます。主イエスの時代には、「この神殿を建てるのに四十六年もかかった」と言われています（ヨハネ2・20）。

神殿の壮麗な様を弟子が感嘆したのですね。

しかし、イエス様は弟子の感嘆に同意されることはありませんでした。

イエスは言われた。「これらの大きな建物を見ているのか。一つの石もここで崩されずに他の石の上に残ることはない。」

主イエスは、ここで神殿崩壊を予言されるのです。神殿に関して主イエス様は幾度か言及されています。イエスが神殿の崩壊を予言されたのは、弟子たちだけでなくほかの人々も聞いていました。主イエスが捕縛され、裁判の時に、「この男は、『神の神殿を打ち倒し、三日あれば建てることができる』と言いました」という訴えとなり（マタイ26・61）、さらに、十字架の上のイエスに対する、「神殿を打ち倒し、三日で建てる者、神の子なら、自分を救ってみろ。そして十字架から降りて来い」（マタイ27・40）という通りすがりの者の嘲笑の言葉となったのです。

神殿は神の民としてのイスラエルの心と信仰の拠り所であります。その神殿の崩壊を公然と語るような者をどうして生かしておくことができようか。これが、主イエスが祭司たちや律法学者に憎まれ、恨まれる大きな原因となったのです。

昔、神殿の壊滅を預言した預言者たちも迫害され、エレミヤは死刑にされるところでした。主イエスはご自分の命をかけて神殿の崩壊を預言されたのです。

歴史的に、その大きな出来事の直前には、神は預言者を遣わされて、イスラエルの民に警告をされます。聖書がその証人です。バビロン捕囚の前には多くの預言者が遣わされました。いま、はるかに重大な出来事を前にして、一人の預言者も遣わされないことはないのです。いま、イエスは真に神から遣わされた預言者として、イスラエルにその避けられない壊滅を語られるのですね。地上の主イエスの働きを預言者としての面からみると、主イエスはイスラエルの最大の歴史的出来事の直前に、それを予言すべく神から遣わされた預言者でもあります。

今年は、伊勢神宮の遷宮と言われますね。20年に一度、宮を新築して、祀られる神がそこに遷り住まわれる。その信仰ですね。すべて新しく建てる。ヒノキ一万本が必要とのことです。

わたしたちは、キリスト者ですから、愚かのことだと思います。宮を建てるのに、莫大な費用がかかる。総費用、５５０億円だそうです。税金でしょうか。20年に一度、こういうわたしたちからすれば無駄使いをしている。

しかし、こんなことを牧師が言った。それが昔なら、特高警察に伝わり、弾圧、迫害に遭いかねません。

伊勢神宮に祀られているのは、皇大神宮《こうたいじんぐう》（内宮《ないくう》）天照坐皇大御神《あまてらしますすめおおみかみ》――一般には天照大御神、豊受大神宮《とようけだいじんぐう》（伊勢神宮外宮《げくう》）に奉祀されている豊受大御神《とようけのおおみかみ》とのことです。

天照大御神は、天皇家の祖先、日本国民の総氏神とありました。

この伊勢神宮に対して、クリスチャンとして否定し、崩壊を言ったとすればどうなるでしょうか？　戦前、戦時中なら不敬罪としてしょっ引かれるでしょうね。拷問にあい、殺されるかもしれない。冒瀆ということです。瀆神。

主イエスが神殿の崩壊を預言されたということは、当時のユダヤ人にとって決定的な冒瀆であったのです。しかも、ご自身が神の子とされる。

わたしたちは、この主イエスを神の子、神として信じるものであります。

2　終わりの日の前兆、徴

3節から――

イエスがオリーブ山で座っておられると、弟子たちがやって来て、ひそかに言った。「おっしゃってください。そのことはいつ起こるのですか。また、あなたが来られて世の終わるときには、どんな徴があるのですか。」

神殿崩壊はいつ起きるのですかという問いですね。神殿は、先ほども申しましたように、イスラエル民族にとって精神的、心理的な拠り所です。神殿崩壊は、それこそ世の終わりのような日でもあったのです。

主イエスは、４つのことを語れます。

第一は、ニセ預言者　ニセメシア
5節――

わたしの名を名乗る者が大勢現れ、「わたしがメシアだ」と言って、多くの人を惑わすだろう。

いつの時代にも、ニセ預言者、ニセメシアが現れました。世の終わりだと言って。

統一教会の文鮮明《ムンソンミョン》（1920～2012）、エホバの証人、モルモン教会など。

第二は、戦争の騒ぎや戦争のうわさ

6節――

戦争の騒ぎや戦争のうわさを聞くだろうが、慌てないように気をつけなさい。そういうことは起こるに決まっているが、まだ世の終わりではない。

第三は、地震、飢饉

7〜8節――

民は民に、国は国に敵対して立ち上がり、方々に飢饉や地震が起こる。しかし、これらは産みの苦しみの始まりである。

一昨年、東日本大震災が起こりました。2万人近い人たちが犠牲となり、多くの人が被災しました。福島第一原発の崩落による放射能漏れ。まだまだ、復興はなりません。まさしく、産みの苦しみの始まりです。また、南海トラフのような東海地方や四国において、東日本大震災に匹敵する激しい地震が起きると予知されています。

第四は、弾圧、迫害です。ここではマルコ11章9節がふさわしいでしょう。

9節――

あなたがたは自分のことに気をつけていなさい。あなたがたは地方法院に引き渡され、会堂で打ちたたかれる。また、わたしのために総督や王の前に立たされて、証しをすることになる。

ホーリネスの弾圧、迫害、徳川幕府の大迫害、ローマ　皇帝ネロの時代の迫害。キリスト教は迫害がつきものでした。しかし、信じられないことですが、迫害によって、ますます教会は純化され、クリスチャンは増えていったのです。ローマ帝国は、キリスト教国になったのです。ヨーロッパのキリスト教化。５００年、千年かかった。日本もこれからだと思います。

14節――
そして、御国のこの福音はあらゆる民への証しとして、全世界にに宣べ伝えられる。それから、終わりが来る。

聖書における世の終わりの時は、全世界に福音が伝えられたときと考えられています。

3　終わりの日

世の終わりの時は、キリストの再臨の時でもあります。主イエスがもう一度、いらっしゃる。この時を、キリスト者は待ち望むのですね。再臨は、愛する者との再会のときでもあります。神の国の到来です。世の人は悲劇とする出来事です。それは裁きの時でもあるのです。しかし、キリストにあるものは、救いの日、勝利の時でもあるのです。ですから、その時までに教会は福音を宣べ伝えるのです。

６月に地区の牧師会がありました。司会者の牧師が質問しました。一人ひとり、出席者の牧師が答えます。真面目に答える人もいれば、ジョークで答える牧師もいました。皆さんはいかがでしょうか。質問は、次の言葉です。

あと、三日で世の終わりというとき、あなたは三日間で何をしますか？

三日間、どのように過ごしますか？


出席の牧師たちは、ひとりずつ答えました。

家族と過ごす。

旅行に行く。

今まで仲の悪かった信徒のところに訪問し、赦罪し、仲直りする。

ルターのように、明日世界が滅ぼうとしても、今日、リンゴの木を植える。

一人で音楽を聴く。読書をする。聖書を読む、祈る。伝道する。


いろいろありました。

皆さんはいかがでしょうか？


教会はノアの方舟です。世の終わりが来ても、また滅びの中になっても、方舟の中は平安です。守られています。

中心に神がいます。そして、方舟は新天新地に上陸するのです。

そこは神の国です。世の終わりは、キリスト者にとって世のはじめであるかもしれません。

滅びないもの（マタイによる福音書24章15～34節）

先週四日から八日まで韓国に行って参りました。昨年の九月、韓国から牧師と牧師夫人一行十七名が来られました。アジア学院に派遣されている潘《ぱん》宣教師を支える韓国監理教会（メソディストですね）の中でも、江原道という地区にある教会です。日本で言えば、東北の地域にたとえることができると思います。昨年はアジア学院セミナーハウス、教会員宅でホームステイされました。西那須野教会でも祈祷会でお迎えしました。覚えていらっしゃるでしょう。持ち寄りの夕食（ポットラック）で韓国教会との交わりが与えられました。

その返礼といいますか、韓国教会から招待状をいただきました。広く教会員皆さんに呼びかけましたが、結局潘宣教師を入れて六名で参りました。

韓国の教会は、韓国に行かれた方はよくご存知のことでしょうが、キリスト教が非常に盛んです。いたるところに教会があります。それも地域のコミュニティーの中核を形成しています。またキリスト教は現代の韓国文化、韓国人の多くの精神的支柱であると言っても過言ではないと思います。韓国民の三分の一以上がクリスチャンであると言われます。一つの教会で四〇万人の会員がいるところもあります。毎朝、早天祈祷会が行われています。ある教会ではこの早天祈祷会に一万人が集まるところもあります。

1　終わりの日の前兆

本日の聖書、24章15節から読みますと、一つの言葉が繰り返し語られます。

「そのとき」という言葉です。

「預言者ダニエルの言った憎むべき破壊者が、聖なる場所に立つのを見たら――読者は悟れ――、そのとき、ユダヤにいる人々は山に逃げなさい。屋上にいる者は、家にある物を取り出そうとして下に降りてはならない。畑にいる者は、上着を取りに帰ってはならない。それらの日には、身重の女と乳飲み子を持つ女は不幸だ。逃げるのが冬や安息日にならないように、祈りなさい。そのときには、世界の初めから今までなく、今後も決してないほどの大きな苦難が来るからである」。

23節――
そのとき、「見よ、ここにメシアがいる」「いや、ここだ」と言う者がいても、信じてはならない。

29、30節――
その苦難の日々の後、たちまち
太陽は暗くなり、
月は光を放たず、
星は空から落ち、
天体は揺り動かされる。
そのとき、人の子の徴が天に現れる。そして、そのとき、地上のすべての民族は悲しみ、人の子が大いなる力と栄光を帯びて天の雲に乗って来るのを見る。

この「そのときtote」という言葉は、どんな日でしょうか？　24章1節にあるように、エルサレム神殿の崩壊と、それに伴うイスラエル民族の離散を意味しています。つまり、国が滅ぶということです。事実、紀元七十年にローマ軍によってエルサレム神殿は破壊され、国は滅び、イスラエルの民は世界中に離散するのです。

ユダヤ人から見れば、それは世の終わりの時なのです。しかし、神殿が崩壊して、ユダヤ国家が滅び、ユダヤの民が離散しても、本当の意味で世の終わりではありません。世界は、なお続いていますし、ローマ帝国は強靭に立っているからです。ローマによる平和はこれからも四百年間は続くのです。

また、この24章は小黙示録と言われ、黙示文学のジャンルに入れられるところです。黙示文学とは将来起こる出来事の予言であり、終末に関する教えであります。将来起こる出来事として主イエスの予言は成就します。すなわち、エルサレム神殿の崩壊、ユダヤ人の離散です。

2　終わりの時の徴

終末の前兆について、主イエスは語られます。言葉の意味に関して考えましょう。

27、28節——

稲妻が東から西へひらめき渡るように、人の子も来るからである。死体のある所には、はげ鷹が集まるものだ。

これは、キリストがＵＦＯに乗って、空のかなたの宇宙から最後の審判のためにいらっしゃるということではありません。

ある註解者は「死体に群らがるはげたかのように、生きていても、神の目には死んでしまったような霊的破産者の所には、裁きが必ず襲ってくるのだ」という霊的解釈をしています。また「いなずま」は、キリストの審判が明瞭であることを象徴しています。この霊的破産者は、律法学者やファリサイ派を指しているのです。

同じように29節以下も、
その苦難の日々の後、たちまち太陽は暗くなり、月は光を放たず、星は空から落ち、天体は揺り動かされる。

人工衛星が天から落ちてきたり、太陽が消え去ることを言うのではありません。科学は星や惑星などあらゆる宇宙は進化し、同時に消滅することを教えています。数十億年後には、地球という惑星は死を迎え、消え去る運命にあります。しかし、今書かれている記事は、預言の型として解釈し、象徴として受け取ることが聖書の読み方でもあります。

次の30節以下においても、
そのとき、人の子の徴が天に現れる。そして、そのとき、地上のすべての民族は悲しみ、人の子が大いなる力と栄光を帯びて天の雲に乗って来るのを見る。人の子は、大きなラッパの音を合図にその天使たちを遣わす。天使たちは、天の果てから果てまで、彼によって選ばれた人たちを四方から呼び集める。

旧約聖書の預言者は、このような型を用いて神の審判について描写しました。

たとえばイザヤ書は13章、エゼキエル書32章、アモス書8章9節は、イスラエルに対して次のように預言します。
その日が来ると……
わたしは真昼に太陽を沈ませ

白昼に大地を闇とする。

ミカ書3章6節――

「太陽も預言者たちの上に沈み、昼も彼らの上で暗くなる」（新改訳）。

これらは、旧約において神の言葉に従わず、不信仰に堕ちたイスラエルの審判を預言した象徴的表現として理解するのです。

3　終わりの日

わたしたちは信仰をもって、聖書を読み、主イエスの言葉を生活の指針として読み取ります。従って、今日の聖書が過去の出来事であっても、なおこれから来るであろう終末の時の備えとしていく信仰が必要であります。わたしたちには、将来、神による審判が起き、主イエスが現れ、神の国が成就するというメッセージとして受け取るのです。

聖書は、はじめがあり、終わりがあることを記しています。人間において誕生があり、死があるように、一つの星も誕生と死があります。宇宙も誕生があり、死があるのです。しかし、死でもって終わりではない。これが主イエスの言葉です。

35節――

天地は滅びるが、わたしの言葉は決して滅びない。

死の後になお、いのちがある。これがわたしたちの希望です。永遠のいのち。それは神と共にあることのいのちです。そのいのちは、聖書のことばと共にあるのです。

礼拝堂に掲げてある聖句です。隷書というのでしょうか。メソディスト教会の監督であった本多庸一牧師の書です。まことに力強い筆で、信仰が表わされているように思います。

この額を見るたびに、神の愛とキリストの十字架の恵みを深くし、信仰が新しくされていくことを感じます。

はじめに韓国ツアーのことを申しました。四日夕方に人口二、三万人くらいの小さな町の教会に行きました。五徳教会（忠清南道舒川郡馬山面）といい、シン牧師が牧会されています。夕食の後に祈祷会に出ました。月曜日です。夜8時からユースの集いがあるというのです。わたしたちも出席しました。中高生が二十名ほど集って、賛美し、祈っているのです。しかも、大声で賛美し、叫ぶように祈っているのです。韓国も進学勉強の盛んな国ですが、進学の勉強と信仰が両立しているのですね。これは月曜日だけではなく、毎晩一時間を祈りに献げる。

韓国に行って教えられたことは、この終末のような時代において、キリスト教がさかんであるということです。すべての価値に意味がなくなっているような時代の中で、福音を宣べ伝え、愛に燃えている教会があること、クリスチャンがいること。それは奇蹟であります。神の言葉は信じられる。信仰をもって生きている多くの人がいる。聖霊なる神が働かれている。教会は終わりの時まで、福音を宣べ伝えていく使命を与えられている。これが終末におけるキリスト者の希望です。

目を覚ましていなさい（マタイによる福音書24章35～51節）

1　待つこと

あるアンケート調査がありました。あなたは、恋人とのデートの時、何分待つことができますか、という質問でした。五分、十分、十五分、二十分。ある人は一時間。二時間。五時間というのもあります。じっと待ち合わせの場所で人を待つ。忍耐を要します。来るまで待つというのもありました。来なかったらどうするのでしょうね。デートをすっぽかされたことがおありでしょうか？　辛いことです。

昔、弟子入りをするのに、師匠が根負けするほどに玄関や庭先で正座して弟子として受け入れてくれるのを待つ。そんな映画のシーンがありました。

待つというのは、忍耐を要します。約束したから待つのです。その根底には信頼があります。信頼感、期待感ですね。愛情もあるでしょう。心安く親しい間柄だから、待つことができると思います。

2　何を待つのか

本日の聖書は、「目を覚ましていなさい」がテーマです。

人の子が来るのを待つのです。しかも、目を覚まして待つのです。

昔の日本、仕事に行っている夫の帰りは、妻は正座して待つというのがありますね。どんなに遅くなっても、きちんと身じたくをして待つ。

24章全体のテーマは、終わりが来る。そして、その時には人の子が来るというものです。

3節――

イエスがオリーブ山で座っておられると、弟子たちがやって来て、ひそかに言った。「おっしゃってください。そのことはいつ起こるのですか。また、あなたが来られて世の終わるときには、どんな徴があるのですか。」

27節――

稲妻が東から西へひらめき渡るように、人の子も来るからである。死体のある所には、はげ鷹が集まるものだ。その苦難の日々の後、たちまち太陽は暗くなり、月は光を放たず、星は空から落ち、天体は揺り動かされる。そのとき、人の子の徴が天に現れる。そして、そのとき、地上のすべての民族は悲しみ、人の子が大いなる力と栄光を帯びて天の雲に乗って来るのを見る。

3　人の子とは誰？

この「人の子」とは、ダニエル書に記されている終わりの日に現れるメシア、救い主を言いますが、新約聖書ではこの預言の成就としてイエス様がそのメシアであると信じています。ここで人の子が現れる。これはイエス様のことを指しているのです。

終わりの時が来る。しかも、確実に来る。では、その時は、いつなのか。いつ主イエスは、来られるのか。これが初代教会にとって大きな信仰の試練であり、危機でした。

主イエスの約束なのです。

しかし、主イエスは言われます。36節――

「その日、その時は、だれも知らない。天使たちも子も知らない。ただ、父だけがご存じである。人の子が来るのは、ノアの時と同じだからである」。

ノアの時とは、旧約聖書の創世記に記されている洪水の物語です。四十日四十夜、雨が降り続けて、洪水となり、ノアが作った箱舟に乗った生き物以外すべて死に絶えた。絶滅の物語です。

4　来た……来ない……？

実は、聖書の研究において、神学者や聖書学者、説教者の中でも様々な意見があります。

主イエスはもう来られたという考え方です。クリスマスですね。主の来臨をお祝いする。救い主の誕生はメシアの来臨を示しています。しかし、それで世が終わったわけではない。厳然と世は続いている。

もう一度、主は来られる。再臨といいます。再び、二度目の来臨です。この再臨によって、世は終わり、神の国が実現する。

聖書は、その時はいつか誰も知らない。子も知らないとあります。主イエスご自身もご存知でない。誰が知っているのか。神です。

5　待つ、目を覚まして

だから、待つのです。主イエスが再び来られるから。いつか分からない。いつ来るか分からない人を待つのは辛いことです。でも、教会はこの二千年間待っているのです。

一日どころではないのです。一時間、二時間の問題ではないのですね。2千年です。

目を覚ましているとは、信仰をしっかり守って待ちなさいということです。そして、待ちかたというのがあるのですね。

①　信仰をもって待つ
②　信頼して待つ。主イエス様の約束があるのです。
③　愛情を持って待つ。

『純情きらり』(２００６・４・３〜９・30放送）ですか。ＮＨＫの朝の連続ドラマ、戦争に行く許嫁が恋人に「必ず帰ってくるからね」。そういう場面があるそうですね。彼女は答えます。「あなたをいつまでも待っています。」「必ず帰ってくるからね」。約束と愛の応答です。そこに信仰、信頼関係があります。「いや、戦争で消息不明だ。もう帰ってくるわけがない。戦死したんだ」。まわりがそう言っても、その言葉を信頼し、愛を信じて、待つ。待つということは、忍耐です。辛いです。

6　神の忍耐、神の待ち望み

実は、わたしたちが待つのと同じように神が待っておられる。その記事が聖書のいたるところにあるのです。

詩編121・３——
どうか、主があなたを助けて
　足がよろめかないようにし
まどろむことなく見守ってくださるように。
神は眠ることなく、守ってくださるというのです。

ルカ15章11節以下――放蕩息子のたとえ話。

神はいつも待っておられる。放蕩息子が帰ってくるのを待つ父親のように。ある面では、神は永遠に待っておられるのではないか。しかし、わたしたちは知らん顔をしている。神のことを無視している。いつまでも待っていればいい。そう思っているかもしれない。

信仰とは、待つこと。逆転が生じるのですね。いままで散々待たせておいた神を信じると、今度は神を待つことになる。待つ。キリストの十字架によって、今度はわたしたちが待つに至る。

ドイツのゴーガルテン（Friedrich Gogarten, 1887～1967）という牧師は、人間はその本質において「待つ」存在であると言っています。人間はその全存在をかけて待つ。何を待つのか？　キリストを待つのです。

「果報は寝て待て」という諺《ことわざ》があります。やるだけのことをやったら、あとは焦らず気長に幸運がこちらに来るのを静かに待つ。そんな意味です。委ねる。信頼感。

しかし、教会は寝て待つのではない。目を覚まして待つのです。では、二四時間寝ないで待っているのか。そうではありませんね。普段の信仰の態度です。いつ主イエス様が来られてもよいように、信仰をもって待つのです。祈り心をもって待つのです。

教会はこの二千年間そのように待ち続けました。「主イエスよ、来てください。主よ、来たりませ」と待つのです。

ともし火と油
（マタイによる福音書25章1〜13節）

「備えあれば憂いなし」と申します。説明しなくても、お分かりだと思います。あえて説明しますと、こうですね。「常日頃から準備をしっかりしていれば、突然何かがあっても心配することはないこと」です。何の備えをするのか。それは各人各様の備えがあります。大学受験・高校受験を控えた高校生や中学生は、日ごろの勉強の蓄積という備えを必要としています。一夜漬けの勉強では間に合わないのですね。スポーツもそうです。日ごろの鍛錬、訓練の成果がいざ本番の試合に発揮されます。これも備えです。地震や台風にも備えをするように、しきりに言われています。防災訓練、逃げ出すときの注意とかですね。どこに逃げていくか。家族との落ち合う場所を決めておくとか。

新しく日本の総理大臣が選出されました。「美しい日本」を再生して行くという、何か歯が浮くような表現を所信表明でされましたが、新憲法制定、教育基本法の改悪が意図されています。それはまさしく「備えあれば憂いなし」は、軍備拡張、防衛のための先制攻撃を容認していくものであります。

さて、聖書にも「備えあれば憂いなし」の意味内容を表わしている箇所は所々見られます。ルカ12・16節以下。この箇所は、備えをしても無駄だという内容となっていて、今日の聖書とは反対の意味を持っています。大変興味深いテキストです。

今日の聖書にもその思いが表れています。もう一度読みましょう。

マタイ25章1～4節――
「そこで、天の国は次のようにたとえられる。十人のおとめがそれぞれともし火を持って、花婿を迎えに出て行く。そのうちの五人は愚かで、五人は賢かった。愚かなおとめたちは、ともし火は持っていたが、油の用意をしていなかった。賢いおとめたちは、それぞれのともし火と一緒に、壺に油を入れて持っていた。

ここでは、天国のたとえとして、結婚式の婚宴の模様が語られています。昔も今も、結婚式は人生の一大事、ビッグイベントであります。当時の結婚式は、一週間も宴会が続くのが一般的であったとのことです。親族、友人、近所で祝うのであります。そこでは、お酒を振舞われ、歌と踊りが繰り広げられる宴会が来る日も来る夜も続くのです。イエス様の時代のパレスティナの結婚式・祝宴は華やかで賑やかなものだったようです。ヨハネ二章でも、カナの結婚式でイエス様は水をぶどう酒に変える奇蹟を行って、花婿の家の名誉を守られました。

当時の結婚と宴会のことを述べながら、イエス様は神の国のたとえを語られています。


5～13節――

ところが、花婿の来るのが遅れたので、皆眠気がさして眠り込んでしまった。真夜中に「花婿だ。迎えに出なさい」と叫ぶ声がした。そこで、おとめたちは皆起きて、それぞれのともし火を整えた。

愚かなおとめたちは、賢いおとめたちに言った。「油を分けてください。わたしたちのともし火は消えそうです。」

賢いおとめたちは答えた。「分けてあげるほどはありません。それより、店に行って、自分の分を買って来なさい。」

愚かなおとめたちが買いに行っている間に、花婿が到着して、用意のできている五人は、花婿と一緒に婚宴の席に入り、戸が閉められた。

その後で、ほかのおとめたちも来て、「御主人様、御主人様、開けてください」と言った。しかし主人は、「はっきり言っておく。わたしはお前たちを知らない」と答えた。だから、目を覚ましていなさい。あなたがたは、その日、その時を知らないのだから。

このところまで読むと、どこに主題があるのか分からなくなってしまいます。結婚の宴会、花婿を待つ十人のおとめたち、そのうち五人が賢いおとめで、五人が愚かです。それは油を備えていなかったことが分かります。この備えが出来ているおとめが賢く、油の備えができていないおとめが愚かだとされるのです。

そして、花婿が来るのが遅くて、十人は眠ってしまいます。寝ている間に真夜中、突然花婿が現れるのです。そのときには、ともし火が消えかかっていました。それで油を注いで消えないようにしなければならないのですが、愚かなおとめとされている五人は油の備えがなく、油を買い求めて行かなくてはならなくなったのです。しかし、真夜中に油を売っているお店などあるのでしょうか？　現代のように、深夜営業のコンビニも二四時間営業しているスーパーはありません。どこで油を買えばよいのでしょう。

そうこうしているうちに、用意のできている五人は花婿と一緒に婚宴の席に入り、夜通し飲めや歌えやの楽しい宴会が繰り広げられます。しかし、油の用意のなかった愚かとされるおとめたちは、真夜中外に閉め出されたまま、中に入れません。

「これって、何か冷たくないの？　たとえ愚かで備えをしていなかったとしても、もうすこし優しくしてあげたら、愛情示してあげたら……」。そう言って、賢いおとめたちの冷たさを感じます。

また、閉め出された愚かなおとめたちに同情してしまい、「いやあ、厳しいたとえだなあ」と、花婿の厳しさと裁きの心を感じる人がいるかもしれません。

このたとえは、「目を覚ましていなさい」が一つのテーマです。24章36節からのたとえの三番目のたとえとして語られています。それは主イエスがもう一度来臨される。その時に、世の終わりが来て世界が滅びる。しかし、最後まで信仰をもって耐え忍んでいる者は救われる。これが聖書の教えなのです。

その主イエスはいついらっしゃるのか？　いつ再臨されるのか？　その時は分からない。人の子も御使いも知らない。ただ神だけがご存知である。いつその日が来てもいいように、目を覚まして待っている。これが教えなのですね。

主の再臨を待つのに、待ち方があります。

一　目を覚まして待つ——24章36〜44節

二　忠実な僕として待つ——24章45〜51節

三　賢いおとめとして待つ

これが本日の聖書です。油を備えて待つ。眠気が催して、眠り込んでしまっても構わないのです。大事なことは、油を絶やさないことなのです。主イエスが再び来られるまで、油を備え、絶やさないで待ち続けることです。

花婿を待つおとめは、教会と解釈されます。もしくは、クリスチャンです。クリスチャンでもかしこいクリスチャンと愚かなクリスチャンがいるということになります。誰が賢くて、誰が愚かなのか？　それを決めるのはわたしたちではありません。神ご自身です。ただ、聖書は賢いおとめとして油を備えていたことを記しています。
では､その油とは何か？　信仰です。しかし、愚かなおとめたちも信じて待っていたのです。信じているのですが、油を絶やしました。
ここでは自己決定といいますか、随分前に流行りました自己責任という言葉が当てはまるかもしれません。信仰があっても、油がない人は閉め出されるということです。

油とは、聖霊と言われます。22章1節からの天の国のたとえで、婚宴に招かれた中で、婚礼の礼服を着ていない人がいて、その人は閉め出されました。神の国に相応しくないのです。
ここ二五章では、油です。油は聖霊にたとえられます。油は、潤滑の働きをします。信仰を養います。神の深みを知ることができます。車のエンジンを保護します。新しい油注ぎが必要です。神のために聖別されます。特別に用いられ、証しをする者として用いようとされる時に、油注ぎが神によってなされます。

パウロは、御霊の火を消してはならないと、書いています。（IIテサロニケ5・19）
聖霊の油が燃えている。その火を消すことだってあるのです。不信仰になり、教会に寄り付かなくなり、聖書の言葉からも賛美も祈りも遠ざかることだってあるのですね。
主イエスは言われます。油を備えている賢いおとめが御国の栄光に預かれるのです。
そこには、信仰と神の国に預かる希望と喜びが内側にあるのです。

ここで記されている時代は、おそらく迫害の時代だったでしょう。ローマとユダヤの律法学者側からの激しい弾圧と迫害の中で、教会は信仰を守っているのです。教会の信徒の中では、信仰をなくしたり、迫害を恐れて集会に出なくなった人たちもいたでしょう。そういう切迫感の中で、教会の群れは主イエスの再臨を待ち望んだのです。

今日のような、太平な世の中で信仰を持っているのとは状況が違うのです。しかし、いつの時代でも主イエス様の再臨を待ち望むことは大切なことです。ここにわたしたちの今日における信仰があり、それが神によって見られているのです。

忠実な信仰者（マタイによる福音書25章14〜30節）

先日、テレビでトーク番組を観ていました。憲法九条を世界文化遺産にするというのが、テーマでした。国会議員や評論家、タレントの人たちが参加して北朝鮮の核問題などから新憲法を制定する必要があることを力説する人がいました。特に自衛隊ではなく、自衛軍というように軍隊を明記して国家を守ること、また文化のこと、教育のことなどが論ぜられたように思います。

テレビを見ていて、熱心に議論するのはいいのですが、人の意見を聞こうとしないで、自分の発言に固執する人が大勢いたことは不思議でなりませんでした。

途中でテレビのスイッチを切ってしまいました。

皆さんの中にも、このテレビをご覧になった方はいらっしゃると思います。教育基本法の改悪、日の丸・君が代の教育現場での押し付け、靖国神社問題などで、日本国は右寄りに大きく旋回しようとしています。アメリカの同時テロの影響から、日本政府は共謀罪なるものを制定しようとしています。戦前の治安維持法のような性格ではないかと考えます。こういう流れから、今日本は戦前の価値観、国家主義がもう一度台頭しようとしているように観察されます。

教会は福音による個人の魂の救いと安定と同時に国家や地球全体の民主主義、信教の自由、基本的人権をも視野に入れて考える必要があると思います。福音は個人だけの問題ではなく、社会すなわちすべての人の救いと安定のために努力する必要があるのです。

さて、本日の聖書ですが、24章から続く主イエスの再臨に関する天の国のたとえです。ここでは、皆さんがよく読まれて熟知され、また説教されてきたおなじみのテキストであります。

「天の国はまた次のようにたとえられる。ある人が旅行に出かけるとき、僕たちを呼んで、自分の財産を預けた。それぞれの力に応じて、一人には五タラントン、一人には二タラントン、もう一人には一タラントンを預けて旅に出かけた。」

そして、五タラントン預かった人はそれを元手に五タラントン儲けるのですね。二タラントン預かった人は二タラントンを稼ぎます。しかし、一タラントンの人はどうしたかというと、

18節――

「しかし、一タラントン預かった者は、出て行って穴を掘り、主人の金を隠しておいた。」

というのです。

19節――

さて、かなり日がたってから、僕たちの主人が帰って来て、彼らと清算を始めた。

まず、五タラントン預かった者が進み出て、ほかの五タラントンを差し出して言った。「御主人様、五タラントンお預けになりましたが、御覧ください。ほかに五タラントンもうけました。」主人は言った。「忠実な良い僕だ。よくやった。お前は少しのものに忠実であったから、多くのものを管理させよう。主人と一緒に喜んでくれ。」

次に、二タラントン預かった人も同じように言います。そして、同じように主人は言うのです。

「忠実な良い僕だ。よくやった。お前は少しのものに忠実であったから、多くのものを管理させよう。主人と一緒に喜んでくれ。」

主人によくやったとほめられる人はいいですね。ところが、最後に一タラントンを預かった人が言います。

24節——

「御主人様、あなたは蒔かない所から刈り取り、散らさない所からかき集められる厳しい方だと知っていましたので、恐ろしくなり、出かけて行って、あなたのタラントンを地の中に隠しておきました。御覧ください。これがあなたのお金です。」

主人は答えた。「怠け者の悪い僕だ。わたしが蒔かない所から刈り取り、散らさない所からかき集めることを知っていたのか。それなら、わたしの金を銀行に入れておくべきであった。そうしておけば、帰って来たとき、利息付きで返してもらえたのに。」

ここを読むと、わたしはいつも自分に問いかけます。神様はわたしにいくらのタラントンをお預けになっただろうか。そして、わたしはそれを活用しているだろうか？　用いているだろうか？　寝かしているのではないだろうか。あるいは、地面に隠して用いようとしていないだろうか？

主人は神、タラントンは神の賜物と解釈されます。わたしたちが生きているのは、このタラントンを用いるように神がそのタラントンを預けられている。この解釈です。
このたとえを考えるといろいろなことが教えられます。

1　神の評価

預かったものを増やさなければならないかということです。そこには能力主義、成果主義、無条件に成功が求められているように思います。いい結果を残さないと無能力とされる。評価されない。そういう風潮が社会全般に及ぶと人心は荒廃します。必ずしもいい結果ばかり残す人が多いとは限らないのです。むしろ、努力しても報われない。そういうことが多いのではないかと思います。そのたびに、「あなたは駄目な人だ。能力がない人だ」といわれていたら、傷つきますし、やる気を失います。生きる意味をなくし、喜びが消え、抑圧されるでしょう。

今日の聖書は、成功主義、利益主義と申しますか、成功しなければならない、利益をあげなければならない、そして沢山稼ぎ、儲け、成果をきちんと出した者が神に褒められ、評価されている。そのように受け止められがちではないかと思います。

ルカによる福音書19章11節からでは、ムナのたとえがあります。ここでは十人の人に一ムナずつ預けます。旅から帰って清算をするのですが、ある人は一ムナから十ムナを儲け、ある人は一ムナから五ムナを儲けます。しかし、ある人は布に包んでしまっているのです。一ムナは百デナリです。一デナリは労働者の一日の賃金と言われます。百日分が一ムナです。

ちなみに一タラントンとは、六千デナリ、六千日分の賃金ということになります。一タラントンあれば、二十年は楽に暮らしていける。そんなお金です。

このたとえは、本当にそういうたとえなのでしょうか。わたしは、別の意味があるように思います。それを探求してみましょう。

2　聖書は二つの流れがある

一つは、増やすこと、繁栄志向です。ここでは預かったタラントンを増やすたとえです。増やさない人には、神の厳しい怒りと裁きがあります。マタイもルカも怠惰なしもべにたいしては、厳しい言葉が投げかけられています。29～30節――

「だれでも持っている人は更に与えられて豊かになるが、持っていない人は持っているものまでも取り上げられる。この役に立たない僕を外の暗闇に追い出せ。そこで泣きわめいて歯ぎしりするだろう。」

これは厳しいです。

ほかに、聖書は三十倍、六十倍、百倍の実を結ぶというように、増加する傾向を奨励する教えがあります（マタイ13章の種まきのたとえ）。

創世記のアブラハムのところにも、星のように多くなる。大地の砂粒のように数え切れないほどの国民とすると言われます。数が増えることが、神の祝福なのです。

同時に、聖書は貧しい人々、無一文であること、弱い立場の人に対しても限りない愛と慈しみを注いでおられることも確かです。

貧しい人々はさいわいである。神の国はあなたがたのものである。今飢えている人々は、幸いである。あなたがたは満たされる。今泣いている人々は幸いである。あなたがたは笑うようになる。（ルカ6章20節以下）

主イエスは、貧しい人と共におられ、弱い立場の人と共に生きておられたのです。キリストの十字架は、強い人、成功した人、利益を出して儲けた人、この世の栄耀栄華を極め、わが世の春を楽しみ、謳っている人のためではありません。

3　たとえの意味

ここでは、ファリサイ派の人々のことだとされています。イエス様が来られたにもかかわらず、イエスを受け入れることなく、むしろ十字架につけ、しかも神から与えられた恵みを隠し、用いないイスラエルの罪を糾弾しているのです。

そこにはファリサイ派や律法学者の人たちの間違った神観を暴いています。ファリサイ派や律法学者にとって、神とは、24節——

「御主人様、あなたは蒔かない所から刈り取り、散らさない所からかき集められる厳しい方」なのです。

しかし、主イエスの神は愛の神であり、独り子を惜しみなく与えるほどにこの世を愛される神なのです。ここに新しいイスラエルである教会の宣教のメッセージがあります。

そして、新しいイスラエルである教会は、神からのタラントンを受けて大いに活用し、福音を世界中に宣べ伝えようとしているのです。

教会にとって、貧しい人とともにあること、弱い立場の人と共にあることもタラントンを活用していることなのです。神の愛とみこころを行うこと。それが教会の歩みであり、使命であるのです。そして、神の国が実現した時に、主イエス様からおほめに預かるでしょう。

「忠実な良い僕だ。よくやった。お前は少しのものに忠実であったから、多くのものを管理させよう。主人と一

緒に喜んでくれ。」（21節）

教会に来るようになって間もない人たちからよく相談されます。わたしは、何も能力もありません。力もありません。そこで、わたしはこう答えることにしています。神はすべての人にタラントン、賜物を与えておられるのです。それに人は気づかないだけなのですと。

教会員には英語が出来る人、通訳していただけます。ピアノやギターのような楽器が出来る人がいます。奏楽の奉仕をしていただいています。祈祷会では菊池兄がギターで伴奏して讃美しています。書道、花、お茶、経営、歌、美術、彫刻など多種多用な賜物・タラントンを、皆さんお持ちです。ＣＳでの教師、教えること、祈ること、預言すること、説教すること。これもタラントンです。神のために奉仕する時、タラントンは増し加えられる。これが信仰です。

コップくらいの大きさの賜物が奉仕しているうちに、バケツいっぱい、あるいはプールのような容量の大きさになることだってあるのです。そこに神の気前よさがあるのです。

これが聖霊の油注ぎなのです。はじめはくるぶしであっても、油注ぎは膝に達し、腰に達し、ついには身体全体に満ち満ちるように注がれるのです。

仕事もそうですね。会社や組織でも、小さな仕事をこなしているうちに、大きな仕事に取り組むようになる。仕事が任せられる。向こうから仕事が来る。そういうことだって起きるのです。

ここにクリスチャンの幸いがあり、喜びがあります。主イエス様の再臨のときまで、教会はまたわたしたちクリスチャンは、精一杯福音を宣べ伝え、奉仕をして神の国の働きを行いましょう。神への奉仕です。これが礼拝です。

愛は報いを求めず（マタイによる福音書25章31〜46節）

芥川龍之介の小説に『蜘蛛の糸』があります。皆さん、よくご存知のことと思います。

中学校の国語の教科書にも全編取り入れられていました。内容は、カンダタという悪人がおり、彼は人を殺したり家に火をつけたり、いろいろ悪事を働いた大泥坊ですが、それでもたった一つ、善い事をしたことがありました。それは、ある時この男が深い林の中を通りますと、小さな蜘蛛が一匹、路ばたを這って行くのが見えました。そこで犍陀多は早速足を挙げて、踏み殺そうとするのですが、「いや、いや、これも小さいながら、命のあるものに違いない。その命を無暗にとると云う事は、いくら何でも可哀そうだ。」と、こう急に思い返して、とうとうその蜘蛛を殺さずに助けてやったのです。ある朝、お釈迦さんは地獄の容子を御覧になりながら、この犍陀多には蜘蛛を助けた事があるのを思い出します。そうしてそれだけの善い事をした報《むくい》には、出来るなら、この男を地獄から救い出してやろうと御考えになりました。仏の慈悲ですね。

こうして、細い蜘蛛の糸を極楽から、地獄の底でうごめき、苦しんでいるカンダタの目の前に垂らしたのです。カンダタは、「地獄で仏とはこのことだ」と思い、「しめしめ」と呟いたかどうかはわかりませんが、さっと蜘蛛の糸を両手でしっかりつかみながら、上へ上へとたぐり登っていくのです。かなりの上まで登ったでしょうか、カンダタは疲れてしまい、休みます。そして、ふと下を見ます。自分が今まで苦しんできた地獄を見たのです。すると、どうでしょうか。自分の下から沢山の地獄の餓鬼どもが、蜘蛛の糸を伝って登ってくるのが分かったのです。そのさまは蟻の行列のように、みな必死で登ってくるのです。

自分ひとりでも切れそうな、細い蜘蛛の糸がこんなに沢山の餓鬼どもが伝って登ってくるのを見ると、怒りがこみ上げてきます。

カンダタは怒鳴って叫びます。

「こら、罪人ども。この蜘蛛の糸はおれのものだぞ。お前たちは一体誰に尋いて、のぼって来た。下りろ。下りろ。」と喚きました。その途端、今まで何ともなかった蜘蛛の糸が、急にカンダタがぶら下っている所から、ぷつりと音を立てて断《き》れました。元の木阿弥で地獄にまっさかさまに堕ちて行くのです。

気まぐれで蜘蛛を殺さなかった、その一片の善行ゆえに地獄の苦しみから救い出す蜘蛛の糸が与えられた。しかし、自分だけが助かりたい一心で他の人々のことなど眼中になかった。そういうカンダタという男は実はすべての人間に共通のものであり、その人間のエゴは救いようもないのだと芥川は言っているように思います。

実は、ドストエフスキーの小説にも蜘蛛の糸と似たような内容があります。蜘蛛の糸と同じような小道具が出てきます。それは何だと思われますか？　たまねぎなのです。ここでは、神様は地獄で苦しんでいる男のためにたまねぎの皮を垂らされるのです。やはり切れて、落っこちてしまいます。

1　最後のたとえ

さて、本日の聖書ですが、マタイによる福音書の25章31節以下は最後の審判における神の裁きの基準が示されています。24章から25章とイエス様の再臨、それによって起こされる神の審判がテーマでした。信仰をもって耐え忍んだ者が天国に招かれるのです。それは分かります。当然だと思います。油を備えていた者が天国の婚宴という救いの喜びに預かれるのです。賢いおとめたちです。しかし、愚かなおとめたちは閉め出されます。油を備えていなかったために。そして、タラントンのたとえでは、一タラントンの者は、取り上げられて持てるものに与えられ、しかも天国から閉め出されるのです。

わたしは、この最後のたとえは敗者復活のたとえだと考えています。負けた人がもう一度チャレンジしてチャンスを与えられることだと思います。何のチャンスか？　天国に行く切符をもらうチャンスです。愚かなおとめとされた人たち、神から預かったタラントンを活用できず、恐怖心で隠してしまっていた人。それは誰でしょうか？　わたしであり、わたしたちではなかろうか。そんなわたしに、わたしたちに、神は憐れんでくださり、最後のチャンスを与えておられる。そう、考えるのです。

プロ野球のパ・リーグ、パシフィック・リーグですね、シーズン優勝にプレーオフなるものを導入しています。一年かけて優勝を決めるに際して、たとえ一年間頑張って一位になっても優勝ではないのです。二位のチームでも、三位のチームでも優勝できる機会があるのです。それはプレーオフを勝ち進めれば優勝できるのですね。今年は、一位の日本ハムがプレーオフを制し、リーグ優勝しました。昨年は三位のロッテがプレーオフで優勝したのですね。それでリーグ優勝になりました。まさに敗者復活です。柔道でも敗者復活戦というのがあります。

神様は、敗者を即座に見捨てない。「あなたは罪人だから、不信仰だから、あっちに行きなさい」と天国から閉め出し、地獄へ追いやる方ではないのです。たとえ、地獄にしか行けないような者でも、チャンスを与えてくださる。それが神の愛だと思うのです。

2　もっとも小さな者への行為

このたとえは、天国に振り分けられる人とそうでない人がいます。31節ですね。

「人の子は、栄光に輝いて天使たちを皆従えて来るとき、その栄光の座に着く。そして、すべての国の民がその前に集められると、羊飼いが羊と山羊を分けるように、彼らをより分け、羊を右に、山羊を左に置く。そこで、王は右側にいる人たちに言う。『さあ、わたしの父に祝福された人たち、天地創造の時からお前たちのために用意されている国を受け継ぎなさい。お前たちは、わたしが飢えていたときに食べさせ、のどが渇いていたときに飲ませ、旅をしていたときに宿を貸し、裸のときに着せ、病気のときに見舞い、牢にいたときに訪ねてくれたからだ。』すると、正しい人たちが王に答える。『主よ、いつわたしたちは、飢えておられるのを見て食べ物を差し上げ、のどが渇いておられるのを見て飲み物を差し上げたでしょうか。いつ、旅をしておられるのを見てお宿を貸し、裸でおられるのを見てお着せしたでしょうか。いつ、病気をなさったり、牢におられたりするのを見て、お訪ねしたでしょうか。』そこで、王は答える。『はっきり言っておく。わたしの兄弟であるこの最も小さい者の一人にしたのは、わたしにしてくれたことなのである。』」

そして、反対に悪魔とその手下のために用意されている永遠の火（地獄です）に入れられるのは、何もしなかった人たちです。46節――

「すると、彼らも答える。『主よ、いつわたしたちは、あなたが飢えたり、渇いたり、旅をしたり、裸であったり、病気であったり、牢におられたりするのを見て、お世話をしなかったでしょうか。』そこで、王は答える。『はっきり言っておく。この最も小さい者の一人にしなかったのは、わたしにしてくれなかったことなのである。』こうして、この者どもは永遠の罰を受け、正しい人たちは永遠の命にあずかるのである。」

ここでは、信仰のあるなしは問題にされていないのです。基準は、もっとも小さい者の一人に愛を示すかどうかなのですね。お世話をする。もてなす。小さい者とは、誰か。飢えた人、渇いた人、旅をしている人、（昔は、旅は危険で追いはぎに遭ったり、危難に遭ったりします。アブラハムは旅人をもてなしました。今のように快適なホテルはなく、新幹線も飛行機もない時代です。赤子のイエス様を入れる宿屋はありません）、裸であり（貧しさですね）、病気、牢（無実の罪、信仰のゆえに牢に入れられた人たちは沢山います。民主主義のために牢に入れられることもあるのです）に入れられている人たちです。

芥川の蜘蛛の糸は、たとえ極悪非道の悪人であっても蜘蛛を殺さなかったということで、つまり、たった一つの善行で極楽に登るチャンスがあったのです。お釈迦さんは、そういう慈悲を持たれた。

3　愛は報いを求めず

最初の人たちは、自分がしたことがイエス様にしたことであることを知らなかった。そういうチャリティー（慈善）愛のこころがあった。それに対して、後者はしなかった。そのこころは、「もし助ける相手がイエス様あなただったら、喜んで助けたでしょう。でも、わたしとまったく関係ない人だったので、助けなかったのです」。

こういう人を一般的には何といいますか？　計算高いと申しますか。損得を考えて愛を行う人です。自分が称賛され、評価されるために、善行を行う人でしょうか。

マタイ6章3、4節にはこうあります。

施しをするときは、右の手のすることを左の手に知らせてはならない。あなたの施しを人目につかせないためである。そうすれば、隠れたことを見ておられる父が、あなたに報いてくださる。

さて、もっとも小さい人に愛のわざを行った人はいるだろうか？　そういう生き方をした人をキリスト教の歴史は示しています。フランシスコとかマルチン、靴屋のマルチンのモデルになった人たちです。教会は、そういう信仰と愛を備えた人を輩出してきました。

しかし、大多数は一つや二つの愛のわざを行ったとしても一生を通してそうであったわけではないと思います。蜘蛛の糸のカンダタのように、気が向いた時にそういうことがあったという程度かもしれません。大多数は計算高く、恩着せがましく、損得を考えて愛のわざをおこなう生き方をしているのではないか？　そう思ったりします。

では、愛とは何か？　損得を考えないで、あとさきのことを考えないで、本心から人を愛し、同情し、困った人や弱った人を見ると無関心でありえないこころ。たとえ損を蒙っても、自分が犠牲になったとしても、愛せずにはいられないこころ、愛を与えずにはいられない想い。

その人のこころの純粋さ、清さ、美しさ、気高さだと思います。

そういう人は、無条件で神の国に迎えられるのです。でも、そのこころは信仰心によって育まれ、養われるでしょう。あるいは、そういう人は信仰のことを云々することなく、生まれながら、神を信じる人でしょう。

イエス様がメシアであることの告白を受けたとき、十字架を予告されました。マタイですと16章ですね。その時、こう言われました。

「わたしについて来たい者は、自分を捨て、自分の十字架を背負って、わたしに従いなさい。

自分の命を救いたいと思う者は、それを失うが、わたしのために命を失う者は、それを得る。

人は、たとえ全世界を手に入れても、自分の命を失ったら、何の得があろうか。

自分の命を買い戻すのに、どんな代価を支払えようか。

人の子は、父の栄光に輝いて天使たちと共に来るが、そのとき、それぞれの行いに応じて報いるのである。」

（24〜27節）

イエス様は愛の方です。愛そのものであります。その主イエスが愛の模範を示してくださった。だから、主イエスに従うあなたがたは、その十字架を背負って打算でも損得でもない、愛を行いなさい。それこそ、永遠のいのちへの道なのだと聖書は示しているのではないでしょうか。

26章からイエス様は十字架の道を進まれます。これが愛そのものです。

二人の人間（マタイによる福音書26章1～16節）

二〇〇三年十月より、マタイによる福音書を連続講解説教していますが、ついに主イエス・キリストの受難のところまで来ました。三年にわたってマタイによる福音書を共に読み進めてまいりました。第一回の説教の時に、こう申しました。

「キリストに従う意味、クリスチャンとしての生き方を、聖書を通して学びます。そして、わたしたちがその人生で目標とし、信仰の対象として崇め、礼拝するイエス・キリストとはどういうお方なのか。そのことを念頭において、福音書を読み、わたしたちの信仰が深められ、高められ、強められるようにとの願いで講解説教を始めたいと意思しています。」（二〇〇三年十月五日の礼拝説教から）

福音書は、まさしくイエス・キリストとはどういうお方なのかが提示されています。キリストは、わたしたちの信じるお方、人生の拠るべきお方です。キリストなしに生きることがもはや不可能なくらいに、わたしたちはキリストに拠りすがり、キリストを土台として生きているのです。そこに、わたしたちの信仰告白があります。キリストは生きる力であり、いのちであり、真理であるのです。まさに、復活したキリストにトマスが「わが主、わが神よ」と告白したように、わたしたちもまたその告白に導かれるために、福音書を読むのです。

さて、本日の聖書を読みましょう。1～4節――

イエスはこれらの言葉をすべて語り終えると、弟子たちに言われた。「あなたがたも知っているとおり、二日後は過越祭である。人の子は、十字架につけられるために引き渡される。」そのころ、祭司長たちや民の長老たちは、カイアファという大祭司の屋敷に集まり、計略を用いてイエスを捕らえ、殺そうと相談した。

これらの言葉とは、24章と25章で語られた言葉です。21章で主イエス一行は、エルサレムに入城されますが、宮清めをされ、ファリサイ主義者と律法学者、祭司たちの反感を買いながら、エルサレムの滅亡と世の終わりの出来事を語られるのです。

26章に入り、ここで再度ご自身の死を予告されます。

イエスは何度かご自身の死の予告をされますが、それは決まって大事な転換点に立ったときでした。はじめは、16章21節、ペトロの信仰告白の後です。二度目は、17章22節、主イエスの姿変わりの後です。三度目は、20章17節、エルサレムに上って行く途中です。そして、最後の予告がこの26章です。

「いよいよ、その時が来た！」そういう決然たる態度、言葉の調子であろうと察します。この時のために、語ってきた。生きてきた。今までの言葉と、態度、主イエスの生き方のすべてがここに凝縮していくと言ってもよいでしょう。

そうです。いよいよ、受難の物語が始まるのです。余談ですが、バッハ作曲『マタイ受難曲』もこの26章から始まります。受難の幕が切って落とされたのです。

その最初の場面に、マタイによる福音書は、まずベタニアでライ病の人シモンの家で一人の女がイエス様に香油が注がれることから始めるのです。

1　誰が香油を塗ったか

香油を注ぎかける女性は、どこの誰なのか記されていません。しかし、当時の教会ではこの女性が誰なのか知られていたことでしょう。なぜなら、13節、「世界中どこでも、この福音が宣べ伝えられる所では、この人のしたことも記念として語り伝えられるだろう」とあるからです。現に、十字架の死を前にして、主イエスが香油を注がれたことは、ほかの福音書に記されており、この出来事が十字架と深い係わりをもって語り伝えられたからです。

マルコ14章では、この女性の名前は記していませんが、高価な香油は、当時その香油の産地で有名な「ナルドの香油」であることを記しています。今で言えば、香水といえばパリ、しかもシャネルというのと同じですね。先週解禁になりましたボージョレ・ヌーヴォー（Beaujolais nouveau）のボージョレは、ワインの代表的な産地ですし、コニャック（Cognac）といえばブランデーの代表的な産地です。ナルドと言えば高級で純粋な香油ですし、マルコとヨハネでは三百デナリオンとその値段も記しています。

ヨハネによる福音書12章では、ベタニアの家とは主イエスが甦らされたラザロであり、香油を塗った女性はマリアであると記されています。

ルカによる福音書だけは、同じ香油を塗るところでも十字架の死と関係なく、むしろ罪の女として記しています。

ここで大切なことは、主イエスの十字架の死を目前に控えて、一人の女性が高価な香油を主イエスの頭に注ぎかけたことです。その行為は、弟子たちの度肝を抜いたことでした。第一に、香油は高価なもので、三百デナリオンもする最高級品であるからです。

当時、労働者の一日の賃金は一デナリでした。週一日の安息日を除くと、約一年分の給料に相当するぜいたく品なのです。その香油を惜しみもなく、注ぎかけたのです。

弟子たちは、これを見て憤慨いたします。「なぜ、こんな無駄使いをするのか。」

そう言って、女を叱責します。「高く売って、貧しい人々に施すことができたのに」と。

いつもけちけちしていると、ちょっとした無駄使いに対して敏感に反応します。主イエス一行が、普段どれだけ貧しい生活をされていたか。また、貧しい人たちの友として、貧しい人たちのために働かれていたかが分かります。主イエスのおられる前で叱責するくらいですから、弟子たちは自分たちの言い分が主イエスに認められるだろうと思った筈です。

しかし、主イエスはむしろ、女の行為を正当化されます。ここにも主イエスの愛と配慮を見ることができます。ちょうど、ルカ福音書10章38節以下でマルタとマリアの姉妹の家に入られた時に、姉のマルタが一生懸命に主イエス一行をもてなして、マリアが手伝いしないのを見て憤り、主イエスに接待の手伝いをするように叱ってもらおうとするのと似ています。主イエスはマリアをかばい、言われます。

「マルタ、マルタ、あなたは多くのことに思い悩み、心を乱している。しかし、必要なことはただ一つだけである。マリアは良い方を選んだ。それを取り上げてはならない。」

先週礼拝は幼児祝福式を行いましたが、子どもたちに対しても主イエスは愛と配慮を持って対されます。イエスに触れていただくために、人々が子供たちを連れて来た。弟子たちはこの人々を叱った。しかし、イエスはこれを見て憤り、弟子たちに言われた。「子供たちをわたしのところに来させなさい。妨げてはならない。神の国はこのような者たちのものである。はっきり言っておく。子供のように神の国を受け入れる人でなければ、決してそこに入ることはできない。」そして、子供たちを抱き上げ、手を置いて祝福された。（マルコ10・13〜16）

主イエスは弱者や貧しい人に対する愛と配慮の態度が分かります。子どもたち、老人、女性といった当時の社会の弱者、疎外された人々に対する憐れみを深く持っておられたのです。

香油のことも同じです。無碍《むげ》に退けられない。弟子たちの憤慨と叱責に対して、主イエスは女性を擁護されます。イエスはこれを知って言われた。「なぜ、この人を困らせるのか。わたしに良いことをしてくれたのだ。貧しい人々はいつもあなたがたと一緒にいるが、わたしはいつも一緒にいるわけではない。この人はわたしの体に香油を注いで、わたしを葬る準備をしてくれた。はっきり言っておく。世界中どこでも、この福音が宣べ伝えられる所では、この人のしたことも記念として語り伝えられるだろう。」（10〜13節）

無駄のように思えても、キリストのために最高のもてなしをする。この女性の香油のことを犠牲と献身と解釈することができます。死に赴《おもむ》こうとしている主イエスのために、このうえもないもてなしと奉仕、愛を献げるのです。

2　裏切り

十字架の死を前にして、一方の女性は香油を注ぎます。しかし、一方は憤慨と叱責です。それだけではありません。こともあろうに十二弟子の一人ユダが主イエスを裏切るのです。

14節——

そのとき、十二人の一人で、イスカリオテのユダという者が、祭司長たちのところへ行き、「あの男をあなたたちに引き渡せば、幾らくれますか」と言った。そこで、彼らは銀貨三十枚を支払うことにした。そのときから、ユダはイエスを引き渡そうと、良い機会をねらっていた。

聖書は十字架を前にした時、二通りの人間のあり方があると記しています。香油を注いだ女とユダです。キリストに対する愛と献身を表す人、一方は裏切りと不信仰、自分のこと、自分の利益のみを追求する人です。

十字架に架けられた主イエスの両側に、ふたりの犯罪人がいました。主イエスと一緒に死刑にされるために引かれて行ったのです。一方は「お前がメシアではないか。自分自身と我々を救ってみろ」と激しく主イエスを罵《ののし》ります。しかし、もう一人の犯罪人は片方をたしなめます。

「お前は神をも恐れないのか、同じ刑罰を受けているのに。我々は、自分のやったことの報いを受けているのだから、当然だ。しかし、この方は何も悪いことをしていない。」そして、「イエスよ、あなたの御国においでになるときには、わたしを思い出してください」と言った。するとイエスは、「はっきり言っておくが、あなたは今日わたしと一緒に楽園にいる」と言われた。

いじめによる自殺が連日のように報じられています。人が死ぬというとき、家族や親族、親しい人たちは、心の深いところで同情し、時間を共有して、残された時を惜しむように過ごすものです。そこに愛が現され、生きてきたことの喜び、意味を感じるでしょう。いじめに現されることは、いのちを軽んじることであり、愛とか慈しみ、生きることの喜びや幸いを人生に見出さない出来事です。

3　何が生きるために重要なことか？

数字のことを少し申し述べたいと思います。香油は三百デナリオン（一デナリオンは一ドラクメと等価。一日の賃金に当たる。）とマルコとヨハネに記されています。当時の労働者の一年分の高価なものです。ヨハネ6章は五つのパンと二匹の魚の記事ですが、男だけで五千人もの群衆に対してフィリポは「めいめいが少しずつ食べるためにも、二百デナリオン分のパンでは足りないでしょう」と言います。三百デナリオンあれば、五千人分のパンを買うことができたかもしれません。

さて、主イエスを裏切り、売ったユダが代償として手に入れるお金は銀三十枚でした。銀一枚は、一シェケルです。一シェケルは四デナリオンに相当します。銀三十枚は百二十デナリオンです。つまり、香油の三百デナリオンよりも少ないのです。ナルドの香油よりも低い銀貨で、主イエスのいのちは買われたということになります。祭司長や律法学者、ファリサイ派の人たちは、安い買い物をしたのです。

このような質問をして不謹慎だと思われるかもしれません。しかし、あえて質問いたします。このような、問いかけです。

「では、わたしたちは主イエスのいのちのために、いくら支払いますか？」

もう、すでにお分かりだと思います。

ナルドの香油を注いだ女性は、主イエスのいのちと引き換えに、彼女ができることを行ったのです。愛の浪費と言えるかもしれません。でも、それはキリストの葬りの備えであり、キリストへの愛と献身の表れです。

キリストはわたしたちのいのちと引き換えに、ご自分のいのちを犠牲にされました。キリストのいのちによって、わたしたちは救われ、永遠のいのちを得たのです。

もっとも厳粛な時（マタイによる福音書26章17～30節）

レオナルド・ダ・ヴィンチ（Leonardo da Vinci, 1452～1519）の有名な絵画に『最後の晩餐』（写真）があります。西那須野教会の聖餐卓のレリーフにもこの『最後の晩餐』が彫られています。盛岡の教会にいたときに、市内の教会で牧師と教会員の有志が、年に一度受難週の時に、ある劇をする習慣がありました。それは、最後の晩餐劇です。この最後の晩餐において、ダ・ヴィンチは十二人の弟子たちに、ある劇的な表情をもって描いています。本日の聖書に記してあるとおりの表情です。それは、26章17節にあることから始まります。

除酵祭の第一日に、弟子たちがイエスのところに来て、「どこに、過越の食事をなさる用意をいたしましょうか」と言った。イエスは言われた。「都のあの人のところに行ってこう言いなさい。『先生が、「わたしの時が近づいた。お宅で弟子たちと一緒に過越の食事をする」と言っています。』」弟子たちは、イエスに命じられたとおりにして、過越の食事を準備した。夕方になると、イエスは十二人と一緒に食事の席に着かれた。

除酵祭《じょこうさい》とは過越し祭と同じです。出エジプト記に四百年間、あの強大な権勢を誇るエジプトで過酷な労働を強いられていたイスラエルを、神が救い出された。その民族救済の出来事をイスラエルの人々は忘れることなく、代々に亘って語り継ぎ、信仰を継承していく記念の祭としていたのです。イエス様の時代でも、千年以上経過したこの出来事を忠実に守っていたのです。

出エジプト記12章に記されている出来事です。

その記念すべき時に、主イエスと十二人の弟子たちが一緒の食事をしていたのです。その時の言葉が、20節以下――

夕方になると、イエスは十二人と一緒に食事の席に着かれた。一同が食事をしているとき、イエスは言われた。「はっきり言っておくが、あなたがたのうちの一人がわたしを裏切ろうとしている。」弟子たちは非常に心を痛めて、「主よ、まさかわたしのことでは」と代わる代わる言い始めた。

「主よ、まさかわたしのことでは」と代わる代わる弟子たちが言い合う。そういう場面をダ・ヴィンチは描いているのです。その絵と同じ表情をしながら、絵と同じ構図通りに弟子たちに扮した牧師や教会員が演じるのです。

このイエスを裏切る弟子はイスカリオテのユダであることは、知らない人はいないくらいでしょう。

この後に、最後の晩餐の時の主イエスの言葉が語られ、もっとも厳粛なる時と場面が続きます。今日、プロテスタント教会でいう主の晩餐、聖餐です。本日の礼拝で、わたしたちはこの晩餐で語られた主イエスの言葉に基づいて、聖餐を執り行います。

大切なことですが、マタイでは、ユダもこの晩餐に預かります。

この晩餐を、イスラエルの人たちが過ぎ越しとして語り伝えてきたように、教会も代々に亘って語り継ぎ、主の晩餐としてこの二千年間行ってきました。

歴史的救いを確信し、聖餐のときに主イエスがここにおられることを信じるのです。教会の生命線というべき聖礼典です。

今日は、この晩餐について三つのことを申します。

1　新しい契約

新しいというわけですから、旧い契約があります。出エジプトでなされた神の契約です。イスラエルを救った神の力と救いのわざです。ここでは、小羊の血が流されます。契約には、血が有効とされるのです。

新しい契約は、動物の犠牲は必要とされません。神の子自らが神の小羊として、血を流されるのです。旧い契約は、イスラエルの民が救われますが、新しい契約では、御子を信じる者すべてが神の救いに預かる。イスラエルもギリシャ人も日本人もないのです。

2　永遠のいのち

わたしたちは主イエスを信じるときに、この聖なる晩餐に招かれているのです。この晩餐は救われた印であり、神の国での晩餐に預かる保証でもあります。神の国の宴会に招かれているのです。

ヨハネによる福音書には、どこを読んでもマタイ、マルコ、ルカに記されているような最後の晩餐はありません。その代わりに、6章でパンの奇蹟が記されています。この6章で、わたしたちがいただくパンの意味が表されています。

ここでも、旧約聖書、とくに出エジプト記にあるパン、天から降ってきたマナと新約でのパンが比較されています。ヨハネ6章48節からしばらく読んでみたいと思います。

わたしは命のパンである。あなたたちの先祖は荒れ野でマンナを食べたが、死んでしまった。しかし、これは、天から降って来たパンであり、これを食べる者は死なない。わたしは、天から降って来た生きたパンである。このパンを食べるならば、その人は永遠に生きる。わたしが与えるパンとは、世を生かすためのわたしの肉のことである。」

それで、ユダヤ人たちは、「どうしてこの人は自分の肉を我々に食べさせることができるのか」と、互いに激しく議論し始めた。イエスは言われた。「はっきり言っておく。人の子の肉を食べ、その血を飲まなければ、あなたたちの内に命はない。わたしの肉を食べ、わたしの血を飲む者は、永遠の命を得、わたしはその人を終わりの日に復活させる。

わたしたちがいただくパンは主イエスご自身であり、永遠のいのちなのです。

この晩餐でパンをいただくのは、主イエスをいただくことであり、その意味は永遠のいのち、神の救いの契約の確認であります。ぶどうの杯は、主イエスが流された血潮を意味します。主イエスの贖いによって、罪赦され神に罪あるものでありながら、義とされるのです。無罪放免です。帳消しになれるのです。

永遠のいのちというけれど、本当に永遠に生きるのだろうか？　そう考えます。キリストにつながっている時、わたしたちのいのちは、今のいのちとは違う。新しいいのち、神につながっている新しいいのちなのだということだと思います。いのちの質が異なる。コリントの信徒への手紙にある肉のからだ、霊のからだという言葉がありますが、わたしたちは滅びることのない霊のからだをまとって神と共に生きるのではないでしょうか？

3　主イエスの模範

二週間前、わたしたちは慶びのうちにクリスマスを過ごしました。クリスマスの喜びは、神がわたしたちと共におられるということです。神が人となられた。これが新しい神の契約の告知です。神がわたしたちと共におられることは、このパンとぶどうの杯が象徴するものです。

しかし、教会は進展していくうちに、信仰が硬化するようになったのではないでしょうか？　外見だけきらびやかで華やかな、人の目を奪い飾りや装いをもって、権威付けていくようになってきた。教会内で階級が出来てしまう。ルカが記していることが現実になってくるのです。最後の晩餐の直後で、弟子たちが自分たちの中で誰が一番偉いかが論じ合わされている。

ルカ22章24節——

あなたがたの中でいちばん偉い人は、いちばん若い者のようになり、上に立つ人は、仕える者のようになりなさい。食事の席に着く人と給仕する者とは、どちらが偉いか。食事の席に着く人ではないか。しかし、わたしはあなたがたの中で、いわば給仕する者である。

ヨハネによる福音書は、最後の晩餐の記事がありません。しかし、代わりに大切なことを記してあります。それは、主イエスの模範です。ルカ22章で給仕する者としてご自身を語られた。その有様をヨハネは記したのです。

ヨハネ13章1節——

さて、過越祭の前のことである。イエスは、この世から父のもとへ移る御自分の時が来たことを悟り、世にいる弟子たちを愛して、この上なく愛し抜かれた。夕食のときであった。既に悪魔は、イスカリオテのシモンの子ユダに、イエスを裏切る考えを抱かせていた。イエスは、父がすべてを御自分の手にゆだねられたこと、また、御自分が神のもとから来て、神のもとに帰ろうとしていることを悟り、食事の席から立ち上がって上着を脱ぎ、手ぬぐいを取って腰にまとわれた。それから、たらいに水をくんで弟子たちの足を洗い、腰にまとった手ぬぐいでふき始められた。

ところで、主であり、師であるわたしがあなたがたの足を洗ったのだから、あなたがたも互いに足を洗い合わなければならない。わたしがあなたがたにしたとおりに、あなたがたもするようにと、模範を示したのである。

神の子が罪ある人間の足を洗う。足を洗うのは下僕の仕事です。昔、江戸時代の旅籠にとまるとき、まず下足番がたらいを持ってきて、たたきに座った客の足を洗います。それから客は上がるのです。昔は、靴はありません。草鞋です。アスファルトもありません。土ぼこりが舞い、ぬかるみの往来を歩くのです。汚れ、ほこりにまみれた足を洗い、きれいにする。

神学校の卒業式のことが忘れられません。もう二十年以上も前のことです。卒業式に信徒を代表して、教会の老信徒が祝辞をいたしました。毎年のことです。卒業生に記念として万年筆を贈るのです。そして、もうひとつの贈り物をします。

「これから皆さんは、神学校を卒業して教会に遣わされます。今まで、聖書を学び、説教する準備をされたでしょう。これから現場の教会に遣わされます。明日から、教会の信徒から先生、先生と呼ばれます。でも、忘れないでいただきたい。いつも、これを思い出していただきたい」

そう言って、彼はあるものをポケットから出しました。白い熨斗袋に包まれた長方形のものです。

「これはタオルです。イエス様が最後の晩餐の時に弟子たちの足を洗われました。教会で誰が一番偉いかと争うことなく、率先して弟子たちの足を洗うイエス様に倣い、教会員の足を洗ってください。」

彼は、毎年卒業生に対して、そう言って祝辞を言い、餞《はなむけ》とするのです。

足を洗った卒業生がいたかどうか。わたしもありません。一度、しようかと提案したら「やめてください」といわれました。正直なわたしですから、その言葉に従ってしなかったのですが、あとで考えると、本当はしてほしかったのかなとも思いました。

足を洗う。洗い合いなさいと主イエスは言われます。

そういう気持ち、そういう精神こそが、聖餐の本質ではないか。そう思います。神が人となられ、神の小羊として犠牲となられ、足を洗うことで、わたしたちの醜い心と身体を清め、贖いとってくださったのだと信じます。祈ります。

ゲツセマネの祈り（マタイによる福音書26章36〜46節）

死を前にして、わたしたちはどのように死に向き合うでしょうか？

東西古今の賢人、偉人とされる人たちの生と死を知ると、いろいろ教えられることがあります。釈迦は弟子たち、動物たちに囲まれて眠るように亡くなりました。往生ですね。涅槃に入ったとも言われます。ナポレオンは毒を飲まされて亡くなりました。フセインは絞首刑となりました（もっともフセインは偉人でも賢人でもありませんが）。大石内蔵助はじめ一行四七士は、主君の仇討ちを終えて従容として切腹をし、歴史に名を残しました。ソクラテスは若者を惑わすという罪で死刑となりました。国外へ逃亡できたにもかかわらず、あえてソクラテスは死を選び、毒杯を飲み、死にました。ソクラテスは死を宣告されたその日に友人たちと一緒に陽気に哲学を語り合ったのです。

友人のひとりが訊ねました。あなたはまもなく死ぬのに、どうしてそんなに陽気なのかと。ソクラテスは答えます。この世の苦しみや混沌の中になって、永遠なる美の歌を歌うことが哲学することだ。白鳥の歌と同じだ。今、死に際して永遠の世界に帰るのだ。わたしが生きている間に歌った「永遠」、その「永遠」に戻れるという日に、ほがらかで楽しくあってなぜいけないのか？

さて、本日は「ゲツセマネの祈り」と題しました。福音書には祈る主イエスの記事が多数ありますが、ゲツセマネの祈りは、祈られる主イエスの姿の中でも特別です。

21章から主イエス一行はエルサレムに入られるのですが、21章から十字架までは一週間ほどの期間です。棕櫚《しゅろ》の聖日と言われる日曜日です。その緊張感がずっと21章からあります。主イエスは絶えず、ご自身の十字架つまり死を見つめてこの一週間を過ごされていたのです。

そのクライマックスが、木曜日の最後の晩餐であり、弟子たちの足を洗うという出来事でした。その後に、主イエスはペトロ、ヤコブ、ヨハネの三人の弟子を連れてゲツセマネに行かれるのです。そして、捕縛され、ただちに裁判にかけられ、翌朝には十字架の刑につけられるのです。

ゲツセマネの祈りは、死期を悟り、死が目の前に襲ってくる、その備えの祈りと言ってもよいでしょう。何故、死ななければならないのか？　わたしたちは、死を日常的に見ています。毎日のように、事故や事件で人が亡くなっているのを知らされます。子どもの自殺。いじめ、虐待、憎しみで親子、兄妹、夫婦が殺しあう。いのちが消えるのを日常的に見ているのです。

わたしたちの肉親、家族も亡くなった経験をしている方も大勢いらっしゃいます。死は特別なことではないのです。生まれた以上は、死は必然的に訪れるものなのです。

1　死の意味

主イエスはすでに三度ご自身の死を予告されています。ペトロの信仰告白の後、栄光の姿に変わられた後、エルサレムに入られる直前です。16章21節以下、17章22節以下、20章17節以下。

主イエスは死を覚悟されて、メシアとしての活動をされてきました。いまや、その死が目前に来ている。弟子のユダが裏切り、まもなくローマ兵とユダヤの祭司、長老たちが捕縛しに現れる。そのことを承知で、祈られます。

もう一度、読んでみましょう。26章36〜39節——

それから、イエスは弟子たちと一緒にゲツセマネという所に来て、「わたしが向こうへ行って祈っている間、ここに座っていなさい」と言われた。ペトロおよびゼベダイの子二人を伴われたが、そのとき、悲しみもだえ始められた。そして、彼らに言われた。「わたしは死ぬばかりに悲しい。ここを離れず、わたしと共に目を覚ましていなさい。」少し進んで行って、うつ伏せになり、祈って言われた。「父よ、できることなら、この杯をわたしから過ぎ去らせてください。しかし、わたしの願いどおりではなく、御心のままに。」

ここで主イエスが、ゲツセマネで祈られている祈りは、どういう祈りでしょうか？　苦しみからでしょうか。あるいは死を恐れて、回避したい。逃げてしまいたい。そういう思いからでしょうか？

主イエスは、死を恐れて、死から逃れようと祈られたのでしょうか。私自身のことを申しますと、明日死を迎えなければならないとしても、死を従容《しょうよう》（危急の場合にも、慌てて騒いだり焦ったりしないさま。）と受け入れたいと思っています。死の後には、キリストにあるいのちがあると信じています。死は何ら恐れではありません。パウロと同じように、生きるはキリスト、死もまた益なり。キリストにお会いできる幸いを望みます。

主イエスは何故かくまで、真剣に、深刻に、祈られたのでしょうか。そこに、福音書の記者の意図があるように思います。そのことを共に考えたいと思います。

「死ぬばかりに悲しい」

死を前にして命乞いし、泣き叫ぶ主イエスなのでしょうか。

アメリカ映画で『硫黄島からの手紙』（Letters from Iwo Jima, 2006）がヒットしています。餓死する日本兵が、アメリカ軍の攻撃で死んだ日本兵より多いということです。敵国の捕虜となるよりも玉砕する死を名誉とする日本人の死観があります。若い日本の兵士が死を目の前にして、国と家族のために散っていく姿があります。主イエスは、ご自身の死に対して臆病風に吹かされて弱気になられたのでしょうか。

神の子が死ぬという、前代未聞の出来事がキリスト教です。それも、十字架につけられて殺されるのです。しかも、ご自身は何の罪も冒されなかった。

死を前にして、「死ぬばかりに悲しい」の言葉の意味は何でしょうか。

神の子が人となられ、そして人と同じように死ぬ。その死を経験されようとするものかなと思います。「彼もまた、人となられた」。その事実を福音書は表わしたかったのだと思います。

2　派遣の理由

主イエスはその生まれた時から、すでに死は準備されていました。それが神から派遣された理由であり意味であったからです。あるいは、神が人となられた理由であります。その理由とは、人間の救いのためです。御子の降誕のはじめに、マタイによる福音書はパレスチナ地方で嬰児殺しがありました。2章16節以下です。主イエスの誕生の陰でベツレヘムとその周辺一帯にいた二歳以下の男の子が一人残らず殺されたとあります。エレミヤはそのことを預言し、マタイはエレミヤの預言の成就であると記しました。一説によれば、殺された男の子たちは三千人はいただろうといわれます。殺戮です。

二歳以下の男の子の死の意味は何だろう。主イエスの誕生は、この男の子たちの死を見つめつつ、ご自身もまた十字架の死を運命づけられたことであることを聖書は記しています。

余談ですが、この2章13節以下は、二〇〇四年一月四日に「クリスマスの哀しみ」（上巻、23頁以下）と題して説教しています。

また主イエスの死は前回で学んだように、最後の晩餐の結論でもあります。26章26節以下——一同が食事をしているとき、イエスはパンを取り、賛美の祈りを唱えて、それを裂き、弟子たちに与えながら言われた。「取って食べなさい。これはわたしの体である。」また、杯を取り、感謝の祈りを唱え、彼らに渡して言われた。「皆、この杯から飲みなさい。これは、罪が赦されるように、多くの人のために流されるわたしの血、契約の血である。

今まさに、ご自身の死が身体を裂くこと、血を流すことで人間の救いが成就する。その杯でもあります。再度余談ですが、キリストが苦しまれる。血を流すほどに苦しまれ、悲しまれる。そこに人間イエスを見る思いで、共感できるように思います。

そこにわたしたちの弱さを思いやることができる神の子イエス様ではないかと思うのです。

3　従順

主イエスの祈りは、42節で終わります。

「父よ、わたしが飲まないかぎりこの杯が過ぎ去らないのでしたら、あなたの御心がおこなわれますように。」

44節では、三度目も同じ言葉で祈られたとあります。

父なる神に対する従順ですね。徹底的に従う。十字架は父なる神の計画であり、御心でした。そのことを主イエスははじめから承知であったでしょう。人として生きられてそのことを確認されたのだと思います。

「父よ」と主イエスは祈られます。マルコによる福音書14章36節には「アッバ、父よ」とあります。アッバは「お父ちゃん」です。そのように、主イエスはこころを開いて、神に祈っているのです。そこには、父に対する豊かな信頼関係があります。まさに、三位一体の関係です。

フィリピの信徒への手紙2章6～11節を読みます。

キリストは、神の身分でありながら、神と等しい者であることに固執しようとは思わず、かえって自分を無にして、僕の身分になり、人間と同じ者になられました。人間の姿で現れ、へりくだって、死に至るまで、それも十字架の死に至るまで従順でした。このため、神はキリストを高く上げ、あらゆる名にまさる名をお与えになりました。こうして、天上のもの、地上のもの、地下のものがすべて、イエスの御名にひざまずき、すべての舌が、「イエス・キリストは主である」と公に宣べて、父である神をたたえるのです。

キリストの十字架と死によって、わたしたちに永遠のいのちが開かれたのです。そのために、主イエスご自身が血を流すほどに格闘された。キリストは、わたしたちの初穂として、死に渡され、そして甦られたのです。それはわたしたちのいのちが死でもって終わるのではなく、死でもって始まる。そういういのち、永遠のいのちの神につながるいのちをわたしたちに与えるためなのです。

わたしたちは、すでにこのいのちを受けています。感謝し、神を讃美して、試練がある人生ですが、神と共に進みましょう。

神の子、裁かれる（マタイによる福音書26章47～68節）

『白バラの祈り』というドイツ映画があります。二〇〇五年に製作されました。一九四三年のヨーロッパ戦線、ドイツの敗戦が日に追って明らかになっていき、末期的なヒットラー独裁政権ですが、ナチス政府は国民を騙して戦争の勝利をマスコミに流しています。その中で「白バラ」というヒットラーの政策を批判し、戦争終結を訴える地下組織のレジスタンス活動を描いたのが、この映画です。若い医学生とその妹が大学の構内でヒットラー打倒と反戦のビラを撒いていたところを発見され、ゲシュタポに逮捕されます。

裁判の結果、女子学生ゾフィーとその兄、ビラの原稿を書いた三人の学生が死刑にされます。その裁判は体制べったりの裁判官とかたちばかりの弁護によって、ヒットラー政権に反対するものを死刑にしていこうとする横暴と冷酷さで進められます。戦争継続とヒットラー政権を一日も長く引き延ばす無謀な企てしか見られません。ゾフィーたち三人は判決を受けた直後に死刑執行されるのです。その数か月でナチス政権は敗北するのです。

二十世紀の法治国家でも、形ばかりの裁判です。日本も同様で、軍国主義政府の意に添わない団体や個人は治安維持法に問われ、逮捕され、暴行や拷問を受けます。総理の安倍晋三さんは共謀罪を次期国会で成立させるよう働きかけていますが、戦時中の治安維持法を思い出して恐くなります。

さて、主イエスはゲツセマネで「死ぬばかりに悲しい思い」で祈られています。これから起きるおぞましさを思うと、もだえられずはいられなかったのでしょう。

本日の聖書（テキスト）マタイ26章47～68節では、弟子のユダを先頭にユダヤの祭司長たちや民の長老たちによって遣わされた大勢の群集が主イエスを捕縛するためにやってきます。そして、主イエスを捕縛した群集は、大祭司カイアファのところに連行し、裁判にかけるのです。

その中でマタイがとくに意識して記した言葉を考えてみたいと思います。

1　友よ、しようとしていることをするがよい

26章48節からをお読みします。

イエスを裏切ろうとしていたユダは、「わたしが接吻するのが、その人だ。それを捕まえろ」と、前もって合図を決めていた。ユダはすぐイエスに近寄り、「先生、こんばんは」と言って接吻した。イエスは、「友よ、しようとしていることをするがよい」と言われた。すると人々は進み寄り、イエスに手をかけて捕らえた。


ルカ福音書22章47節では――

イエスがまだ話しておられると、群衆が現れ、十二人の一人でユダという者が先頭に立って、イエスに接吻をしようと近づいた。イエスは、「ユダ、あなたは接吻で人の子を裏切るのか」と言われた。


とあります。マタイでは、ユダは接吻する人がイエスだと打ち合わせをしていて、主イエスに接吻します。ルカでは、主イエスはそのことを察知しておられ、ユダが接吻しようと近づいてきた時に、「ユダ、あなたは接吻で人の子を裏切るのか」とユダに語られます。

非常に劇的です。ここで注目すべきは主イエスがユダに対して、マタイでは「友よ」と語りかけておられるところです。自分を裏切る弟子、ユダに対して「友よ」と呼びかけられる。そのお気持ちはどのようなものだろうかと考えます。

単なる皮肉でしょうか？　このような時に皮肉を言ったり、裏切る者を恨みがましく罵ることはなさらない。これが主イエスでしょう。

これはペトロに対してもそうです。ペトロもまた主イエスを否認するのです。その時、主イエスとペトロは目が合いますが、ペトロは外に出て激しく泣いたとあります。

56節の終わりにこう書いてあります。

「このとき、弟子たちは皆、イエスを見捨てて逃げてしまった。」

主イエスの眼差しは、弱い弟子たちを非難するものではなく、限りなく優しい眼差しであったと思うのです。その眼差しは、憎悪でもなく、ゲツセマネで祈られた祈りの心のままに、ユダに対せられ、ペトロにも向けられたのだと思います。

2　預言者たちの書いたことが実現するためである

主イエスは54節と56節に二度にわたって、「聖書の言葉がどうして実現されよう」「預言者たちの書いたことが実現するためである」と言われました。聖書の言葉の実現も預言者たちの書いたことも、同じです。神が遣わされたお方を人々は受け入れることなく、自分たちに都合のよいように扱い、しまいには殺害します。

マタイによる福音書は、1章の主イエスの降誕から十字架の死と復活にいたるまで、この聖書の言葉が実現したこと、実現するためであることを記しています。これが主イエスのご生涯であるのです。神の計画をそのまま忠実に生きられた。捕縛されることも、裁判にかけられ、死にいたるまでもが預言の成就であり、神のみこころの実現のためであるのです。

3　イエスは黙り続けておられた

捕縛され連行された大祭司カイアファのところでは、すでに律法学者たちや長老たちが集まっていました。手ぐすね引いて、待ち構えていたと言ってもよいでしょう。「どう料理してやろうか」という今までの恨みつらみがここに来て、どっと噴き出したことでしょう。

59節——

さて、祭司長たちと最高法院の全員は、死刑にしようとしてイエスにとって不利な偽証を求めた。偽証人は何人も現れたが、証拠は得られなかった。

裁判は、はじめに死刑ありきです。最高法院とありますが、その構成メンバーは律法学者、ファリサイ人、サドカイ人、長老たちなど71名で、議長は大祭司でした。裁判は律法に従って執り行われなければなりません。正式な裁判はまず真夜中に行われることはありません。刑事裁判は日中に行われたのです。また、過越の祭の間は禁じられていました。また有罪の判決になるような裁判は、審議は一日で終了してはならず、判決は必ず翌日にもちこされたのです。また、すべての証拠は二人以上の証人が必要とされていました。ウソであっても証人がいないことには、有罪にはできないのです。

主イエスの裁判は、主イエスに不利な証拠、偽証を求めた裁判だったのです。そして、ついに偽証の証人が二人呼ばれるのです。

最後に二人の者が来て、「この男は、『神の神殿を打ち倒し、三日あれば建てることができる』と言いました」と告げた。そこで、大祭司は立ち上がり、イエスに言った。「何も答えないのか、この者たちがお前に不利な証言をしているが、どうなのか。」

イエスは黙り続けておられた。大祭司は言った。「生ける神に誓って我々に答えよ。お前は神の子、メシアなのか。」

イエスは言われた。

「それは、あなたが言ったことです。しかし、わたしは言っておく。

あなたたちはやがて、人の子が全能の神の右に座り、

天の雲に乗って来るのを見る。」

そこで、大祭司は服を引き裂きながら言った。「神を冒涜した。これでもまだ証人が必要だろうか。諸君は今、冒瀆《ぼうとく》の言葉を聞いた。どう思うか。」（63〜66節）

これが裁判の実態です。時は、真夜中です。ゲツセマネの祈りから何時間とたっていません。今の裁判も、ナチスドイツの裁判も、戦時中の日本の裁判も、真夜中に裁判をすることはありません。どれだけ理不尽な裁判であったか、理解できます。問答無用の裁判です。死刑だけが先に決められ、それに合わせるように尋問が行われ、証人が立てられたのです。

ここでも、主イエスは黙しておられます。「イエスは黙り続けておられた。」（63節）

66〜68節——

人々は、「死刑にすべきだ」と答えた。そして、イエスの顔に唾を吐きかけ、こぶしで殴り、ある者は平手で打

ちながら、「メシア、お前を殴ったのはだれか。言い当ててみろ」と言った。

弄ばれる。その言葉通りに、主イエスは祭司長、長老たち、群集のしたい放題、勝手放題の裁判で死刑になるのです。

主イエスは黙しておられます。なすがままにされています。翌朝、主イエスは総督ピラトに引き渡され、ローマの裁判にかけられます。そして、死刑を宣告されると、今度はローマの兵士たちに侮辱されます。茨の冠を被せられ、着ている服をはぎ取られ、赤い外套を着せられ、唾を吐きかけられ、葦の棒で頭を叩かれます。それでも、主イエスは黙して耐え忍ばれています。こうして、神の御子は裁かれ、死刑を宣告されるのです。正しい人が裁かれる。罪のない神の子が死を宣告される。黙して逆らわず、なすがままに、屠り場に引かれていく小羊のようにおとなしい。これがわたしたちの信じる神の子、キリストです。

現代においても、神は、黙しておられる。時代の中で、人が人を裁き、殺戮があり、イラクでは同じ国民、民間人がこの一年間で約三万人が爆弾テロで死んだと言われます。一日百名近くの民間人が亡くなっているのです。イラク戦争のためにアメリカは一月八八億ドル、一兆円の戦費を使っているとのことです。世界では一年に千万人が飢えのために死んでいます。とくに子どもは五秒に一人の割で飢えのために亡くなっているのです。無実の罪で捕えられ、誤った裁判によって、数年間の懲役刑に服し、人の貴重な人生が流れています。貧富の格差、差別、虐殺がアフリカやアジアの一部の国で行われています。人間が人間を殺していく。

神は黙しておられます。いつか、神の子を裁いた報いがくるのでしょうか？　そのような人間を、主イエスは黙しておられて、憐れみ、十字架の上で「父よ、彼らをお赦しください。自分が何をしているのか知らないのです」

と執り成しの祈りを祈っておられるのです。

ここに究極の神の愛を覚えるのです。

わたしたちは、主イエスを知る前は罪人でありました。また、信仰を持っていても、幾度も主イエスを否認し裏切ったものであります。そんなわたしたちを主イエスは、「友よ」と呼びかけてくださるお方であります。赦されている。生かされている。キリストを十字架につけるほどにわたしたちを愛してくださる神なのです。感謝し、信仰をもって進みたいと思います。

人間の弱さを見つめる（マタイによる福音書26章31〜35、69〜75節）

わたしたちがテレビのドラマや映画を見て心に残るものがあるとすれば、また小説などの物語を読んで感動することがあるとすれば、それは成功の話よりは、むしろ苦労話、失敗した話ではないでしょうか？　そういう苦労話や失敗談、いわば逆境に遭った人が苦労の末にそれを克服する話が感動を呼ぶのだと思います。はじめから物事が順調に進み、そのまま何の苦労もなく、大きな失敗もなく終わるとすれば、そのようなテレビのドラマも映画も小説も面白くないわけで、見る人も小説を読む人もいないでしょう。

日本の歴史物語で『勧進帳《かんじんちょう》』があります。兄の源頼朝の追っ手から、義経一行は陸奥・平泉の藤原氏を頼って逃れます。義経一行は山伏に変装しているのですが、途中、加賀の国安宅の関所で立ち往生します。関所を守る富《と》樫左衛門《がしさえもん》は、義経たちが山伏に変装しているという情報を知っていたので、一行を怪しんで通しません。そこで弁慶は、何も書いていない巻物を勧進帳と見せかけて読み上げるのです。勧進帳とは、お寺に寄付を募るお願いが書いてある巻物ですね。いったんは本物の山伏だと信じて通した富樫ですが、「山伏たち、待て」と呼び止めます。変装している山伏の中に義経に似た者がいる、と家来が訴えたからです。変装がばれないようにするため、弁慶は持っていたつえで義経を激しく打ち叩きます。それを見た富樫は、その弁慶の痛切な思いに共感して関所を通すのです。

主君である義経を弁慶は杖で何度も打ち叩きます。これでもか、これでもかと。骨がきしみ、折れてしまうのではないか。弁慶の力ですから、並みの力ではないでしょう。それに耐える義経。そして、一行の家来たちもはらはらして二人を見ていたでしょう。

その真摯な主従の姿を見て、富樫左衛門はあえて義経一行を見逃すのです。武士の情けですね。主従の麗しい姿は、時代を超えて、体制を超えて、人間の忍耐、信頼関係、そして愛の関係を見るからこそ、感動するのです。

さて、本日の聖書ですが、このペトロの失敗はこの勧進帳の物語と同じようにと申しますか、劇的で人の感情に訴えるものがあります。

主イエスの十字架に先立って、最後の晩餐があります。弟子の足を洗う主イエスのお手本があります。十字架の死を目前にして、究極の愛を示されたのです。

ヨハネ13章1～4節――

さて、過越祭の前のことである。イエスは、この世から父のもとへ移る御自分の時が来たことを悟り、世にいる弟子たちを愛して、この上なく愛し抜かれた。夕食のときであった。既に悪魔は、イスカリオテのシモンの子ユダに、イエスを裏切る考えを抱かせていた。イエスは、父がすべてを御自分の手にゆだねられたこと、また、御自分が神のもとから来て、神のもとに帰ろうとしていることを悟り、食事の席から立ち上がって上着を脱ぎ、手ぬぐいを取って腰にまとわれた。

弟子たちを愛して、この上なく愛し抜かれた。

文語訳では、「世に在る己の者を愛して、極みまで之を愛し給へり。」

口語訳では、「世にいる自分の者たちを愛して、彼らを最後まで愛し通された」です。

主イエスと弟子たちとの間柄は、愛によって成り立っているのです。それは、主イエスとわたしたちとの関係でもあります。愛があるときに、過ちや失敗は赦されるのです。そして、今度はその愛に応えて行こうと堅く決意し、その歩みが前向きに、積極的に進むのですね。

この最後の晩餐の前後に主イエスは、弟子たちのこころに不安と物議を醸し出されます。それは、ユダの裏切りとペトロの否認です。

26章21節——

一同が食事をしているとき、イエスは言われた。「はっきり言っておくが、あなたがたのうちの一人がわたしを裏切ろうとしている。」

そして、26章31〜32節——

そのとき、イエスは弟子たちに言われた。「今夜、あなたがたは皆わたしにつまずく。『わたしは羊飼いを打つ。すると、羊の群れは散ってしまう』と書いてあるからだ。しかし、わたしは復活した後、あなたがたより先にガリラヤへ行く。」

ここでは、弟子たちの裏切りと否認が織り込まれているのです。しかし、それを超えて主イエスは新しい展望を開いておられます。いつまでも失敗したところに踏みとどまらない。そこに主イエスの人間洞察と愛があります。それに対して、ペトロは弟子たちを代表して宣言します。

「たとえ、みんながあなたにつまずいても、わたしは決してつまずきません。」

人間的な自信に満ち溢れています。同時に主イエスに対する信頼が強いと思ったのでしょうね。わたしたちは主イエスへの愛と信頼よりも、自分の信仰、自分の経験、自分の能力を信頼する傾向があります。

「失敗することはありませんよ。あなたを知らないということはありませんよ。」

ペトロは、さらに強く主張します。

「たとえ、御一緒に死なねばならなくなっても、あなたのことを知らないなどとは決して申しません。」

しかし、ゲツセマネの園では居眠りをして、主イエスに叱られます。

「あなたがたはこのように、わずか一時もわたしと共に目を覚ましていられなかったのか。誘惑に陥らぬよう、目を覚まして祈っていなさい。心は燃えても、肉体は弱い。」（40〜41節）

「心は燃えていても、肉体は弱い」のですね。弱さを熟知されておられます。

ゲツセマネで主イエスは捕えられます。

56節――

「このとき、弟子たちは皆、イエスを見捨てて逃げてしまった」のです。

最高法院に連行されて、夜中に裁判が始まります。ペトロは舞い戻ってきたのでしょう。最高法院の中庭に座っていました。そこに女中が近寄って、ペトロをすばやく見つけて問いただします。

「あなたもガリラヤのイエスと一緒にいた。」（69節）

70～75節――

ペトロは皆の前でそれを打ち消して、「何のことを言っているのか、わたしには分からない」と言った。ペトロが門の方に行くと、ほかの女中が彼に目を留め、居合わせた人々に、「この人はナザレのイエスと一緒にいました」と言った。そこで、ペトロは再び、「そんな人は知らない」と誓って打ち消した。しばらくして、そこにいた人々が近寄って来てペトロに言った。「確かに、お前もあの連中の仲間だ。言葉遣いでそれが分かる。」そのとき、ペトロは呪いの言葉さえ口にしながら、「そんな人は知らない」と誓い始めた。するとすぐ、鶏が鳴いた。ペトロは、「鶏が鳴く前に、あなたは三度わたしを知らないと言うだろう」と言われたイエスの言葉を思い出した。そして外に出て、激しく泣いた。

呪いの言葉さえ口にしたのですね。すごいですね。

文語訳では、

爰《ここ》にペテロ盟《うけ》ひ、かつ契《ちか》ひて『我その人を知らず』と言い出づるをりしも、鶏鳴きぬ。

激しく呪いの言葉を口にしたのです。どういう呪いでしょうか？　イエスなんか呪われよ、です。神から見捨てられよ。カタセマチゾー（katathematizō）、アナセマ（anathema）（Ｉコリント12・3、16・22）です。そういう激しい言葉をペトロは捨て台詞のように吐き出すのです。

まさに、弁慶が義経を激しく打つようなものです。

徳川時代にキリスト教迫害で踏み絵をしました。それと同じです。ペトロはイエスの面前で踏み絵を踏んだのです。そして、「神から見捨てられるがいい」と言ってのけ、主イエスを裏切ったのです。

さて、ルカによる福音書22章61節には、マタイにない言葉があります。

主は振り向いてペトロを見つめられた。ペトロは、「今日、鶏が鳴く前に、あなたは三度わたしを知らないと言うだろう」と言われた主の言葉を思い出した。

この振り向いてペトロを見つめられた、主イエスの眼差しは何だったのだろうと興味があります。普通ですと、「それ、言わんこっちゃない。言った通りだろう。お前はわたしを知らないと否認した。この愚か者、弱い人間だ……」。そういう意味の眼つきでしょうね。しかし、主イエスの眼差しは、非難する目ではないと思います。人間のこころの奥深くを知り、洞察され、その弱い部分を覆って尊ばれる。逆に慰められる。それが主イエスの眼差しであり、優しさ、限りない寛恕、咎めず赦す、極みまでの愛に満ちた眼差しだと思うのですね。先ほど讃美しました。２４３番2節です。

ああ主のひとみ　まなざしよ
三たび　わが主を　いなみたる
よわきペテロを　かえりみて
ゆるすはたれぞ　主ならずや

人間の弱さ、失敗、挫折に対して、主イエスは非難されない、咎められない。赦されている。もう一方の裏切りをしたユダがこの主イエスの眼差しを見つめたなら、自殺しなかったのではないかと思います。

わたしたちの一週間の生活は、ある意味では弱さと挫折と失敗の連続です。時に、ある人は優越感や勝利に酔いしれることもあるかもしれません。でも、大多数は失敗と弱さのゆえに、責めさいなまれ、苦しく、恥ずかしくしています。その背後に、主イエスはわたしたちを見守っておられるのです。

この主の愛の恵みにより頼みましょう。

ペトロはペンテコステ以後、教会の重鎮、指導者として多くの信仰者から尊敬を集めます。主イエスの一番弟子として栄光の頂点にいたかもしれません。教会の礼拝で、その説教の中で、ペトロは主イエスのご生涯、語られた言葉、主イエスがなさった数々の奇蹟を強く大胆に証ししていたでしょう。そして、最後はいつも主の晩餐のこと、足を洗われたこと、そして、自分自身に対する否認の言葉を話されたことを想い起こしたことでしょう。そして、顔を赤らめ、こころを傷めながらも、主イエスの限りない愛の眼差しについて涙をもって語ったのではないでしょうか。

にがい想い出、しかし、懐かしい想い出です。三度の否認、鶏が鳴く、激しく泣いた。主イエスの優しく人を生かす眼差しを想い出すと、そこに主イエスは生きておられ、現れるように力を受けたでしょう。復活された主イエスはペトロの前に来て、三度「わたしを愛するか」と呼びかけられました。その度にペトロは、悲しい思いをしました。

ルカ22章32節——

しかし、わたしはあなたのために、信仰が無くならないように祈った。だから、あなたは立ち直ったら、兄弟たちを力づけてやりなさい。

ペトロの最後は、皆さんはよくご存知だと思います。機会があれば、そのことをまたお話ししたいと思います。

祈りましょう。

ユダとは何者か
（マタイによる福音書27章1～10節）

二十年ほど前にある本を買い求め、興味を持って読んだことがあります。その本の題名は『ユダの弁護人』というものです。著者は、ワルター・イェンス（Walter Jens, 1923～2013）というドイツ人で一九八〇年に日本語に翻訳・出版されています（訳は小塩 節、小鎚千代の両氏、ヨルダン社）。内容は、フランシスコ会の一司祭がローマ教皇庁に対して、イスカリオテのユダを福者の列に加えるべきであるとする列福誓願を行った、というフィクションです。列福とは、生前徳において、聖性が認められることで福者となります。この福者がのちに列聖されることがあります。これは聖人となることです。聖ペトロとか聖パウロというように、カトリックでは教会の権威によって人間を聖人とすることができます。

以前にも説教しましたが、カトリック教会には列福、列聖という制度があります。わたしたち、凡人は死んだら煉獄に行き、そこでこの世で犯した罪の償いをしなければなりません。しかし、列福され福者となり、あるいは列聖され、聖者となった信仰者は煉獄から天国に行くのです。

ちなみにカトリック教会の考えは、地獄は救いのない場所、天国は罪の一切ない場所と考えられます。そして、煉獄はキリスト者として罪の贖いを受けて救いが約束されていながら、小さな罪を犯し悔い改めていない場合、従って罪の償いがまだ残っているために浄化を必要とするキリスト者のためにある場所と考えられています。ダンテの『神曲』に煉獄篇があります。

煉獄にいる者のために、死者のためのミサ、祈りがあります。罪を犯した死者のために執り成しの祈りを認めています。また、この煉獄からの救済は、聖母マリアおよび諸聖人の執り成しによるとされています。

こういうことで、わたしたちが馴染みにしている考えと申しますか、ユダは、主イエス・キリストを裏切った憎むべきものであるゆえに、地獄でのたうち苦しんでいるに違いないと思うのであります。しかるに、先ほど紹介しました、『ユダの弁護人』は何と裏切り者のユダを列福、すなわち福者にしようというのであります。まさに雲泥の差、天国と地獄の違いであります。

その理由があります。それは、主イエスは十字架につけられ死なれた。三日目に甦られたが、その死と復活によって、サタンに勝利され、人間の罪が赦され、贖いが成就した。イエスが十字架につけられなかったら、罪の赦しも贖いもない。その功績は、ユダにある。ユダは裏切りという汚名を着せられたが、実はイエスと打ち合わせをし、ユダヤの祭司長、長老たちに引き渡されるように手はずを整えられていたのだ、というものです。

裏切りの予告は、四つの福音書に記されていますが、とくにヨハネ13章27節では――

「しようとしていることを、今すぐ、しなさい」と言われます。その時に、ユダはすぐに出て行ったとあります。主イエスは、ユダに合図をされたのだというのです。

ユダ同情論というのがあります。主イエスご自身が十二弟子を指名されました。主イエスが神の子であるなら、はじめから自分を裏切る者が誰であるか分かっていたはずである。だから、ユダは奥深い主イエスのみこころによって、自分を裏切り、人間の救いと贖いを成就するために、選ばれたのだ。つまり、ユダは特別の使命をもって弟子に選ばれた。そのユダを裏切り者としての汚名を注ぎ、福者にすべきだという論理です。

みなさんは、いかが思われますか。

実は、こういう考えをする人は結構多いようです。一九七〇年に発見されたというコプト語で書かれた『ユダの福音書』があります。もともと、ユダによる福音書は二世紀に初期キリスト教父の文書にグノーシス主義の異端の書として言及しています（エイレナイオス『異端反駁』二世紀後半）。その記述によれば、イエスを裏切ったイスカリオテのユダが実はイエス・キリストの弟子の中の誰よりも真理を授かっており、「裏切り」自体もイエス・キリスト自身が主導したものであるというのです。

正統教会は、代々ユダは主イエスを裏切った者としてきました。四つの福音書にもそのことを明確に示しているのです。

そこで本日の説教ですが、聖書はユダについてどのように理解しているのか。そのことをともに考えたいと思います。

1　選ばれた者であっても背信することがある。

27章を一節から読んでいくと、奇妙なことに気づきます。

夜が明けると、祭司長たちと民の長老たち一同は、イエスを殺そうと相談した。そして、イエスを縛って引いて行き、総督ピラトに渡した。

そのころ、イエスを裏切ったユダは、イエスに有罪の判決が下ったのを知って後悔し、銀貨三十枚を祭司長たちや長老たちに返そうとして、「わたしは罪のない人の血を売り渡し、罪を犯しました」と言った。しかし彼らは、「我々の知ったことではない。お前の問題だ」と言った。そこで、ユダは銀貨を神殿に投げ込んで立ち去り、首をつって死んだ。

1節から2節まで読んで、3節から全く話が中断してしまうのです。マタイの関心は、裁判からユダに移ります。しかも、26章の後半にあるペトロの否認と照らし合わせるように、裁判の途中にユダのことをあえて挿入したのです。

ここで注目すべき言葉あります。それは引き渡した、渡したということです。この言葉はパラディドーミ(paradidōmi)の不定詞パラドゥーナイ(paradounai)という言葉で、「総督ピラトに渡した」も3節の「裏切ったユダ」の「裏切った」も同じ言葉パラドゥーナイが使われています。ちなみに26章46節「人の子は罪人たちの手に引き渡される。立て、行こう。見よ、わたしを裏切る者が来た」もまた、パラドゥーナイです。あえて、マタイがこのような言葉を使ったのは、ペトロとの対比があったからではないかと考えられます。

ペトロもまた、主イエスを三度否認して、しかも三度目には呪いの言葉さえ口にしたのです。「イエスは神から見捨てられるがよい」、「イエスなんか、呪われるがいい」とペトロは激しく誓ったのです。どちらの罪が重いかということではありませんが、主イエスの目の前で三度否認したペトロ、引き渡す時に接吻しようとしたユダ、しかもその時、主イエスはユダに「友よ」と呼びかけられています。

ご存知のように、ペトロは否認した直後にイエスの言葉を思い出して外に出て激しく泣いたとあります。それに対して、ユダは「イエスに有罪の判決が下ったのを知って後悔し、銀貨三十枚を祭司長たちや長老たちに返そうとして、「わたしは罪のない人の血を売り渡し、罪を犯しました」と言った。

そして、金を神殿に投げ捨て、首をつって死んだのです。

ペトロもユダも他の弟子たちもイエスを見捨てて逃げ出したのであります。（26・56）

主イエスは、はじめから見捨てられることを分かって弟子たちを選ばれたのです。ユダだけが別格ではないのですね。つまり、選ばれた弟子であっても、背信することも棄教することもありえるということです。

創造主は、アダムとエバを創造されました。そして、二人をエデンの園に置き、園を管理させられるのです。そして、中央の善悪を知る木を食べてはならないと命じられます。しかし、二人はサタンの誘惑に遭い、禁じられた木の実を食べるのです。

神は全知全能だから、二人が善悪の木の実を食べることは分かっていたのだ。それなのに、禁じられた。はじめから、不完全な人間など創造しなければよかったのに。そういう意見があります。

ユダの場合も同じです。ユダの裏切りが分かっていたのに、弟子に任じられた。そこにイエスの計画があり、ユダには罪がないのだ。そういう論理が成り立つのです。

2 しかし、救いの手はなお伸べられている。

ペトロの場合は、外に出て激しく泣いたとあります。悔い改めたのです。そして、新しくされ、復活の証人として働くようにされたのです。復活されたイエスは、ペトロの前に立って、「あなたはわたしを愛するか」と三度尋ねられます。その質問にペトロは、心を痛め、悲しみます。三度知らないと否認したのですから。しかし、悔い改めの思いと信仰をもって、「主よ、わたしがあなたを愛していることはご存知です」と答えます。

悔い改める機会を神は備えられているのです。そしてダビデが詩編51編で詠ったように、悔い改め、神の憐れみに身を委ねることが大切なのです。

しかるに、ユダは自殺します。

「後悔し」と3節にありますが、これはメタメロマイ（metamelomai）という言葉で、単に「悔いる、心を入れかえる、考え直す」という意味です。それに対して、新約聖書に用いられている「悔い改め」はメタノイア（metanoia）

で、罪ある人間が神に帰ることを意味しています（動詞はメタノエオー metanoeō で新約聖書で広く使用されています。新約聖書釈義事典Ⅱ481頁以下参照）。

後悔して自殺するということと、悔い改めて新しくキリストに生きる。この違いがあるのです。それは、神の憐れみに自身を委ねることでなく、神を信じる信仰からの堕落であります。

マタイはこのペトロとユダの違いを並べて、教会に提示します。わたしたち読者にです。それは初代教会のクリスチャンであり、今においても聖書を読むわたしたちすべてに語るのです。

誰でも背信することはある。キリストを否認し、自分のいのちを守ろうとする者はいる。しかし、悔い改めたら、キリストにあって生きるのだ。死んではならない。棄教したままであってはならない。そう、わたしたちに語りかけているのです。

3　神の計画は成就する。

次に聖書が示しているのは、主イエスの十字架は神のご計画であるということです。それが成就するのが、神の御旨であるのです。マタイは、ことあるごとに、神の計画が成就したと記しています。

こうして、預言者エレミヤを通して言われていたことが実現した。「彼らは銀貨30枚を取った。それは、値踏みされた者、すなわち、イスラエルの子らが値踏みした者の価である。主がわたしにお命じになったように、彼らはこの金で陶器職人の畑を買い取った。」（9～10節）

↓ゼカリヤ書11章12～13節（わたしは彼らに言った。「もし、お前たちの目に良しとするなら、わたしに賃金を支払え。そうでなければ、支払わなくてもよい。」彼らは銀三十シェケルを量り、わたしに賃金としてくれた。主はわたしに言われた。「それを鋳物師に投げ与えよ。わたしが彼らによって値をつけられた見事な金額を。」わたしはその銀三十シェケルを取って、主の神殿で鋳物師に投げ与えた。）、エレミヤ書18章4節（陶工は粘土で一つの器を作っても、気に入らなければ自分の手で壊し、それを作り直すのであった。)。

そこに人間の介入があるかもしれない。確かに、神は人間をしてご自身のみむねを実現されるからです。しかし、そのことによって人間の罪や裏切りが正当化されるのではありません。悪を行うことで、神は計画を実現されることはありません。

4　信仰者の仲間(教会)の結束

教会では、弾圧や迫害はつきものであります。第二次大戦中の日本の教会のように、表面だけの信仰を装い、実質は神に背き、他国民に対しても罪を犯しました。今そういう状況に当たった時に、わたしたちはどうするでしょうか？　ホーリネス系の教会は弾圧され、牧師は検挙、起訴され、教会は解散させられました。同じ教団にあった教会と牧師、信徒の多くは、ホーリネス系教会を見殺しにし、邪魔者、自分たちの平安を奪うものとして退けました。当時の教会も同じことがあったでしょう。迫害の期間中に、信仰を棄て、それどころか教会を密告し、裏切って、官憲(迫害者)に売り渡してしまう人たちも現れたでしょう。そうして、権力から身を守る人たちがいたことも確かだと思います。こうした人たちは、教会に戻れたでしょうか？　その辺りのことが、ユダの裏切りと関係するかもしれません。

大切なことは、わたしたちは今の時代、キリストを告白し、信仰を持って生きている。その信仰を全うし、神の愛とキリストの恵みにあって、キリストを証し続けることにあるのです。

ピラト、手を洗う（マタイによる福音書27章11～26節）

レントを過ごしています。主イエス様の経験された苦しみ、十字架の痛みを偲びつつ、レントの四十日を過ごしています。このレントは、ある人にとっては、まさに荒野の四十日の試練と苦難の時であるかもしれません。親しい人、愛する人が亡くなり、悲しみの底にあるかたもおられます。人生の長い旅路に重荷を背負い、休むこともないまま働き続け、疲れの極致にある方もおられるでしょう。長い病気を負い、いつ癒されるのかと不安と恐れにある方もおられます。

主イエス様のお苦しみは、わたしたちの苦難、痛みを背負っておられることは確かです。

さて、本日の聖書は主イエス様がユダヤの長老たちに捕えられ、最高法院で裁判にかけられて、死刑を宣告された直後の出来事です。鶏が鳴いたときに、ペトロは主イエスの言葉を思い出して、激しく泣き出します。それから、ほとんど時間は経っていないでしょう。主イエスはユダヤの最高法院からローマの総督ピラトのもとに連行されます。当時はローマの属国として、ユダヤの最高法院は死刑の執行権はなかったのです。そこで、主イエスはローマの裁判に引き渡されたのです。

ここでは、四人の人物が出てまいります。ドキュメント映画のように場面が髣髴《ほうふつ》として浮かび上がってきます。

それぞれが主イエス様とどう係わっているかが明らかにされます。

1　ピラト

ピラトのもとで改めて裁判が始まります。ポンテオ・ピラト（Pontius Pilatus）―ローマ帝国から派遣されたユダヤの総督です（在任期間は26～36年）。ローマ帝国皇帝の代理人として政治権力の象徴としてのユダヤを統治しています。民族自立の意識が強いユダヤでは、幾度かローマに対する反乱や暴動がありました。その度に武力で制圧し、徹底した弾圧がくだされました。政治犯は十字架刑が通例でした。「スパルタカス」という有名な反乱がありましたが、首謀者は十字架刑で殺されました。

今、総督ピラトは政治犯としてのイエス様を裁判にかけているのです。

裁判の過程を見ていると、ピラトはユダヤ人たちがイエス様に嫉妬して訴えていることを理解していました。ユダヤ人同士の争いで、しかもそれは宗教に関する訴えでした。ローマ人のピラトにはどうでもいいことだったのです。

18節――

「人々がイエスを引き渡したのは、ねたみのためだと分かっていたからである」とあります。

23節――

「いったいどんな悪事を働いたというのか」と問いかけます。

ピラトの妻も夢を見てうなされ、伝言を残します。19節――

「あの正しい人に関係しないでください。その人のことで、わたしは昨夜、夢で随分苦しめられました。」

ピラトは、イエス様を放免したかったのでしょうが、政治的なかかわりのなかで、自己保身に傾きます。24節「かえって騒動が起こりそうなのを見て、水を持って来させ、群衆の前で手を洗った」のです。

2　バラバ

バラバはイエスという名前であったとあります。16節には、「バラバ・イエスという評判の囚人がいた」とあります。何が評判なのか？　おそらく、人間的なのでしょうね。

ハリウッドの映画に『バラバ』という映画がありました。アンソニー・クイーンがバラバを演じていました。酒飲みで暴力的でしたが、ローマに抵抗した反骨の活動家でもありました。日本で言えば、ねずみ小僧次郎吉とか石川五右衛門、白波五人衆でしょうか。人気がある、義賊というイメージがあるのでしょう。

マルコによる福音書15章7節に――

さて、暴動のとき人殺しをして投獄されていた暴徒たちの中に、バラバという男がいた。

とあります。そのバラバは、本名はイエスなのです。バラバは、「父の子」、「アブラハムの子」という意味です。イエスという名前は、当時は一般的な名前でありました。ヨシュアがギリシャ語でイエスと呼ばれるのです。

ピラトは、民衆に尋ねます。

15節、17節

「どちらを釈放してほしいのか。バラバ・イエスか。それともメシアといわれるイエスか。」

21節――

民衆は「バラバを」と言います。

バッハの『マタイ受難曲』には、劇的に「バーラバー！」という合唱隊の声が響きます。

罪なきイエス様よりも、人気がある評判のよいバラバを選ぶのです。

3　ピラトの妻

夢で天の使いが現れます。正しい人であることを証ししています。言い伝えによりますと、ピラトの妻は、プロクラ・クラウディアという名前で、のちにイエスを信じて洗礼を受け、ギリシャ教会やエチオピアの教会では聖者として尊敬されるようになったのであります。

4　民衆

ピラトはローマを代表しています。時の権力者として間接的にイエス様を十字架につける役目を果たしますが、ユダヤの民衆は積極的に主イエスの十字架の責任を担うことを強調しています。22、23節にいっせいにイエスを「十字架につけろ」と叫びます。何度もそれをピラトに要求し、暴動が起こるのではないかとピラトを恐れさせたでしょう。

讃美歌１３２番３節「十字架につけよと　くるいさけぶ」とあります。

このままでは、暴動も辞さないという騒乱状態です。群集心理とでもいいましょうか。

24～25節から――

ピラトは、それ以上言っても無駄なばかりか、かえって騒動が起こりそうなのを見て、水を持って来させ、群衆の前で手を洗って言った。「この人の血について、わたしには責任がない。お前たちの問題だ。」民はこぞって答えた。「その血の責任は、我々と子孫にある。」

この責任ということで、後のヨーロッパでのユダヤ人迫害の根拠としている歴史家がいますが、むしろ、福音がユダヤ人から離れて異邦人に向かった。その責任を見ることができるのではないかと思います。

5　イエス様

さて最後になりましたが、もう一人を語りましょう。それは誰でしょうか。イエス様です。裁判の間、ずっとイエス様は沈黙を守り通されます。はじめにピラトからの訊問に短く答えられるだけです。あとは一切、沈黙です。

12〜14節から——

祭司長たちや長老たちから訴えられている間、これには何もお答えにならなかった。するとピラトは、「あのようにお前に不利な証言をしているのに、聞こえないのか」と言った。それでも、どんな訴えにもお答えにならなかったので、総督は非常に不思議に思った。

口答えもなさらない。口数が多くはないのですね。無言の抵抗ということもできるかと思います。いやむしろ、静かに耐えられていたのでしょう。十字架の死をはじめから自覚されていたのですから。屠られにいく小羊のように黙々とされた。ご自身の使命をただ果たされる意思をそこに見ます。

「人間はいざというときに、あたふたとしていては優柔不断になる。八方美人には大きな使命は果たせない。身を捨ててこそ浮かぶ瀬もある。どうしてもなさねばならぬことがあれば、弁解がましい言いわけをしない。泥をかぶる覚悟で進むしかない。とくに信仰の道はそうである。

四面楚歌の中では、人間は意気阻喪し、絶望する。あるいは、周囲に迎合追従し、自暴自棄になるしかない。信仰を守ってきた生涯であっても、最後に悲惨な最期を遂げるということになれば、神を呪い、人を恨みたくなる。しかし、そこでこそ、その人の信仰がほんものであるかどうかが試されるのである。

イエスの姿は、誰かの助けを未練がましく待つのではなく、いさぎよく覚悟を決めておられる。人事を尽くして天命を待つ姿である。人生は平穏な日ばかりではない。」（大宮溥牧師）

この覚悟は、ゲツセマネの祈りで祈られた時に、できておられたのだと思います。血の滴るような苦しい思いで、祈られた。

わたしたちの人生でも、そういうときが来るかもしれない。助けを求めても、誰も助けてくれない。祈っても神は答えてくださらない。孤立無援で、四面楚歌で、あざ笑われ、意地悪をされ、あるいはいじめられるようなことがあるかもしれない。それでも、確固として、涼しい眼差しで、自己を追い詰める者を見つめ、飄々《ひょうひょう》としていく。主イエスはわたしたちの信仰の模範であります。レントの期節。主の受難と苦しみを覚えて、自らの人生を振り返り、主の十字架はわがためなりと感謝していきたいと思います。

人間の醜悪さの中で（マタイによる福音書27章27～44節）

冤罪《えんざい》事件が最近テレビや新聞のニュースで報道されていました。鹿児島県での県議選公選法違反事件、いわゆる選挙違反ですね。十二人が選挙の際の投票でお金の受け渡しがあったという廉《かど》で逮捕・起訴された事件です。そのほか、富山での冤罪事件、弘前大教授夫人事件、狭山事件などが有名です。そこには国家権力の象徴たる警察権の乱用があります。何の根拠もないところに、逮捕され、起訴され、裁判にかけられる。しかも、罪をおかしていないのに自白の強要が暴力的になされます。これは恐怖です。また、マスコミで犯罪者扱いされると社会的に抹殺されかねません。容易に汚名を注ぐことは難しいものがあります。

主イエスもある面では、冤罪事件で逮捕・起訴され、裁判にかけられました。福音書に記されている通りです。作られた事件であり、でっちあげた証拠によって死刑が宣告されました。そして、十字架刑に処せられたのです。しかも罪のない方を全員でもってその存在を拒否し、抹殺したのです。そこには、あるべき正義はありません。人を生かすべき神の教えが人を殺し、こころを萎縮させ、自由と解放が悪の奴隷となり、束縛となりました。虐待が公然となされたのです。

本日の聖書は、人間のこころの醜さ、惨たらしさが露《あらわ》にされて驚くばかりです。ここまで、人間は醜悪になれるのか、罪あるものなのかと深く反省させられます。しかも、無抵抗の人に、罪なき人に、無辜《むこ》の人に。この思いは他人事ではなく、自分自身のこころにも醜さと深い罪性があるのだという反省です。

主イエスは、みんなによってたかって拒否されます。

第一に弟子たちに拒否されました。今まで見てきたとおりです。ユダに裏切られ、弟子たちは逃げまどい、雲隠れです。ペトロはイエス様についていこうとするのですが、最高法院の庭で「あなたもイエスの仲間だ」と言われると拒否してしまいます。イザというときに、気持ちが萎えてしまったのです。主イエスは、孤独の真只中におられたのです。

第二に民衆です。今までわたしたちは、福音書を読み進めました。そこでは、主イエスは多くの人々を癒されました。死人を甦らせ、耳の聞こえない人を聞こえるようにし、目の見えない人を見えるようにされました。その神の力によって、癒しと甦りを数多く行われたのです。主イエスの行くところ、大勢の人たちがあとを追ってきました。その説教を聴き、奇蹟の力といやしのわざに期待してきたのです。

その民衆は、いま誰もいません。「ひとりでもいるだろう!?」

そう叫ばずにはいられません。まことに訝しく思います。もし、誰もいなければ、まさしく「人でなし」です。民衆は救い主イエスよりも、バラバ・イエスを選び、イエスを十字架につけるように叫ぶのです。

イエス様は弟子に捨てられ、民衆にも捨てられたのです。

第三に、イエス様はもうひとりの人に見捨てられます。誰でしょうか? 家族? 母マリア? マルコ福音書にはマリアと兄弟が、イエスは気が狂ったと思い取り押さえにきたという記事があります。

身内の者たちはこのことを聞いて、イエスを取押えに出てきた。気が狂ったと思ったからである。(マルコ3・21

（口語訳）

主イエスは家族にも捨てられたのでしょうか？

いいえ、それ以上です。人というか、お方ですね。それは父なる神です。

神に見捨てられたのです。

これは今日の聖書ではありません。来週のテキストです。

さて、本日の聖書は、ローマ兵の嘲笑《ちょうしょう》と侮辱、殴打《おうだ》、鞭打ちがあります。ドロローサの道のりにて、群集の叫喚《きょうかん》、嘲笑があります。ゴルゴタに着くと、そこでも群集のやじと侮辱が襲い掛かります。

このテキストにはすぐれて文学的と申しますか、明らかにある問いをもって記事が記されています。それはイエス様とは何者だったのかという問いと答えです。マタイの最初の章で、系図が記されています。アブラハムから続き、ダビデ家の系図へと引き継がれます。それはダビデの血統を持つ王としてイエス様です。誕生のときも、東から来た博士たちは、生まれたばかりの王の子イエス様に贈り物を捧げます。マタイのメッセージは、「イエス様はイスラエルの王として来られ、生まれた」ということです。それがメシアでした。

しかし、今、主イエスはどうでしょうか？　確かに、ユダヤの王としての罪状書きです。ギリシャ語、ラテン語、ユダヤ語、アラム語の四つの言葉で記されていました。ローマの兵士たちはイエス様を王としてからかいます。カリカチュア、戯画化です。王や身分の高い人が身にまとう紫の外套、王が手に持つ笏《しゃく》、王の冠です。

紫の替わりに赤ですが。マルコは紫としています。笏の替わりに葦の棒。それでイエス様は何度も小突かれ、叩かれます。そして王の冠は宝石が鏤《ちりば》められているではなく、棘《いばら》の刺々しい冠です。

従者もいます。バラバは釈放されましたが、なお二人の犯罪人がいました。彼らはイエス様を真ん中に十字架につけられます。二人は従者の役割を果たしています。イエス様を中央に一人は右に、一人は左に十字架につけられます。しかし、イエス様の弟子たちがイエス様を見捨て背反して逃げたように、彼等もまたイエスに背きます。

44節――

この二人は、ゼベダイの子ヤコブとヨハネにたとえられています。ペトロはすでにイエス様を否認していました。ヤコブもヨハネも十字架の上で、イエス様を否認したのだ。そういう解釈もあります。

余談ですが、ルカでは、この二人の内一人はイエス様を信じます。

ルカ23章39〜43節――

十字架にかけられていた犯罪人の一人が、イエスをののしった。「お前はメシアではないか。自分自身と我々を救ってみろ。」すると、もう一人の方がたしなめた。「お前は神をも恐れないのか、同じ刑罰を受けているのに。我々は、自分のやったことの報いを受けているのだから、当然だ。しかし、この方は何も悪いことをしていない。」そして、「イエスよ、あなたの御国においでになるときには、わたしを思い出してください」と言った。するとイエスは、「はっきり言っておくが、あなたは今日わたしと一緒に楽園にいる」と言われた。

十字架の最後の時でも、救われる人がいる。どんな悪人でも、最後に悔い改めれば救われる。これがルカのメッセージでもあります。

マタイは、二人ともイエスを拒否します。しかし、主イエスとの出会いで受難の時に、キリストと出会った人がいるのです。キネレ人シモンです。マルコ15章21節以下では、アレクサンドロスとルフォスの父と紹介されています。

主イエスは裁判によって疲弊し、四十回に亘る鞭を打たれて疲労困憊《ひろうこんぱい》の極地にあります。自らがかかる十字架を背負って歩くこともできません。そこで、ローマ兵はたまたまそこにいたキネレ人シモンを掴まえて主イエスの十字架を担がせたのです。強制的に担わせた十字架です。しかし、のちのちこの十字架はシモンと子どもたちにとって大きな意味を持つものとなります。シモンは自分が担いだ十字架を光栄に感じる時が来るでしょう。まさに、強いられた恵みとなったのです。

さて、王でありながら弟子に裏切られ、民からも見捨てられる。そのようなみすぼらしい、落ちぶれた王をあえて　マタイは描いています。その意図は何でしょうか？

これもまたマタイに特有な「成就」という言葉です。聖書の言葉が成就した。王が見捨てられることも、聖書の成就なのです。

「人の子が、仕えられるためではなく仕えるために、また、多くの人の身代金として自分の命を献げるために来たのと同じように。」（20・28）

マタイはおもに詩編22章を記して、聖書の預言の成就としています。

イエス様をみる者はみなそのようにあざ笑い、侮辱し、唾を吐きかけます。見物人、野次馬ですが、積極的な参加者です。

35節――

「彼らはイエスを十字架につけると、くじを引いてその服を分け合い」は、

わたしの着物を分け

衣を取ろうとしてくじを引く。（詩編22・19）

39〜40節――
そこを通りかかった人々は、頭を振りながらイエスをののしって、言った。「神殿を打ち倒し、三日で建てる者、神の子なら、自分を救ってみろ。そして十字架から降りて来い。」は、
わたしを見る人は皆、わたしを嘲笑い
唇を突き出し、頭を振る。（詩編22・8）

41〜44節――
同じように、祭司長たちも律法学者たちや長老たちと一緒に、イエスを侮辱して言った。「他人は救ったのに、自分は救えない。イスラエルの王だ。今すぐ十字架から降りるがいい。そうすれば、信じてやろう。神に頼っているが、神の御心ならば、今すぐ救ってもらえ。『わたしは神の子だ』と言っていたのだから。」一緒に十字架につけられた強盗たちも、同じようにイエスをののしった。

「主に頼んで救ってもらうがよい。主が愛しておられるなら助けてくださるだろう。」（詩編22・9）です。

この「信じてやろう」という言葉は、挑発的です。それは人間が神を支配し、意のままに指図する言葉です。神に命令し、うちでの小槌のように人間自身の都合のよい、自動販売機の奇跡付き商品を出させるような言葉です。その裏には、「信じてやらないぞ！」という脅迫めいた言葉が隠れています。わたしたちの祈りもある面、そういう脅迫があります。「祈りを聞いてくれないと信じてやらないぞ」という意図があります。

神はしかたなく祈りを聞き、わたしたちのわがままを受け入れてくださるのでしょうか。

詩編22篇7～9節には、すごい言葉が書かれています。

わたしは虫けら、とても人とはいえない。
人間の屑、民の恥。
わたしを見る人は皆、わたしを嘲笑い
唇を突き出し、頭を振る。
「主に頼んで救ってもらうがよい。
主が愛しておられるなら
助けてくださるだろう。」

まことに主イエスは、人間の屑、民の恥として忌み嫌われ、疎外され、虐待されたのです。そして、口を開かず、黙々として死に赴かれた。口を汚すことなく、こころに悪意を持つことなく、悪に悪を返さず、呪いに呪いを返すことなく、むしろ赦しと祝福を祈られた。

これがわたしたちの救い主であり、神であるのです。

わたしたちもかつては、人を呪い、悪を繰り返し行い、こころが汚れていたものです。

主イエスは昔も今も、わたしたちのために執り成しをされ、罪を赦してくださっています。十字架は、わたしのため、わたしの罪の赦しであることを信じ、いつも新しくされて生きていきたいと願います。

十字架につけられ（マタイによる福音書27章45～56節）

マタイによる福音書を連続講解説教して、ついに主イエス・キリストの「十字架の死」に参りました。キリスト教のシンボルは十字架です。十字架の飾り、ペンダント、ネックレス、いろいろなところで十字架は見られます。十字架ほどポピュラーで、人々に親しまれているものはないのではなかろうかと思います。

十字架はクロスと言われます。井戸さんのところのお店の名はクローチェです。イタリア語で十字架という意味だそうです。十字を切るという行為があります。おもにカトリック教会やギリシャ教会、ロシア教会が行います。

毎日の生活でも十字があります。十字路といいます。道路が交差するところですね。道が交差するところが十字路です。たとえば東西の道路と南北の道路が交差する。すなわち、交わるところです。キリスト教のシンボルの十字架もまた交差だと思います。それは交わりです。何の交わりか？　神と人の交わりです。

十字架の横の線が人間相互の交わり、水平の流れとしたら、縦の線、垂直の線は神と人間の流れと言ってもよいのではないでしょうか。神と人の交わるところ、そこが十字架であるということです。

1　十字架上の七つの言葉

さて、主イエスは十字架につけられます。十字架上で七つの言葉を語られました。「十字架上の七つの言葉」という音楽があります。ハインリヒ・シュッツ（Heinrich Schütz, 1585～1672）というドイツの偉大な作曲家が作曲しています。マタイ、マルコ、ルカ、ヨハネの四つの福音書に記されている十字架の上で語られた言葉です。語られた順番から言うと、

1　「父よ。彼らをお赦しください。彼らは、何をしているのか自分でわからないのです。」――ルカ23章34節

ローマ兵の侮辱とユダヤの祭司、律法学者、民衆の醜悪な人間性を見ながら、主イエスは十字架につけられます。朝の九時ころに十字架につけられ、午後三時ころに亡くなりました。この六時間の十字架での苦しみを経験されたのです。

2　「はっきり言っておくが、あなたは今日わたしと一緒に楽園にいる。」――ルカ23章43節

主イエスがつけられた十字架の両側に死罪になった強盗が二人、同じように十字架につけられています。一人はイエスを馬鹿にするのですが、一人はそれをたしなめ、主イエスに語りかけます。

「イエスよ、あなたの御国においでになるときには、わたしを思い出してください。」

その言葉を受けて、主イエスは男に言われるのです。

「はっきり言っておくが、あなたは今日わたしと一緒に楽園にいる。」

3　「婦人よ、御覧なさい。あなたの子です」

「見なさい。あなたの母です。」19章26、27節――

十字架のそばに、母マリヤと弟子のヨハネがいました。その二人を見ながら、主イエスはヨハネと母マリヤに語られたのです。その時から、この弟子はイエスの母を自分の家に引き取った、とあります。

4 「エリ、エリ、レマ、サバクタニ」

「わが神、わが神、なぜわたしをお見捨てになったのですか」 ――マタイ27章46節、マルコ15章34節

この時、「昼の十二時になり、全地は暗くなり、それが三時まで続いた」とあります。クリスマス、主イエスの誕生の時には、星が昼のように輝き明るくなったとあります。今、十字架の死に際して、全地は暗くなり、神の子の死を悲しんでいるようです。

5 「渇く」 ――ヨハネ19章28節

6 「成し遂げられた」 ――ヨハネ19章30節

この5と6の言葉について、ヨハネによる福音書は次のように記しています。

「この後、イエスは、すべてのことが今や成し遂げられたのを知り、「渇く」と言われた。こうして、聖書の言葉が実現した。そこには、酸いぶどう酒を満たした器が置いてあった。人々は、このぶどう酒をいっぱい含ませた海綿をヒソプに付け、イエスの口もとに差し出した。イエスは、このぶどう酒を受けると、「成し遂げられた」と言い、頭を垂れて息を引き取られた。」

7 「父よ。わたしの霊を御手にゆだねます」 ――ルカ23章46節

こうして、主イエスは息を引き取られます。

十字架上での七つの言葉のひとつひとつを味わい深く捉えていくと興味がつきません。

2　エリ、エリ、レマ、サバクタニの意味

本日は、その3番目に語られた言葉です。これはマルコと同じです。45節——

さて、昼の十二時に、全地は暗くなり、それが三時まで続いた。三時ごろ、イエスは大声で叫ばれた。「エリ、エリ、レマ、サバクタニ。」これは、「わが神、わが神、なぜわたしをお見捨てになったのですか」という意味である。


主イエスは大声で叫ばれたとあります。この叫びはなんだったのだろうか。どんな意味があるのだろうか。いろいろな角度から、この言葉の意味を考えられます。

①本当に神から見捨てられたという絶望の叫び。
非常に人間的な解釈です。それは信じ通した結果、裏切られたという無念の叫びです。なぜわたしをお見捨てになったのですかというより、なぜわたしを裏切ったのですかという苦しみ、痛み、嘆きです。まことに絶望です。

主イエスは、ユダに裏切られ、ペトロに裏切られ、弟子たちすべてが主イエスをおいて逃げ惑ったのです。父なる神からさえ、裏切られたのでしょうか。

かつて朝日新聞学芸欄に数学者・岡 潔氏（1901～1978）がキリストの十字架について書いているのを読んだことがあります。わたしが洗礼を受けた頃ですから、30年以上も前の記事です。岡氏の文章は、イエスは十字架上で「なぜわたしをお見捨てになったのですか」と絶望の叫びを上げている。だからイエスは神ではない。むなしく死んだのだ。キリスト教はそのイエスを信じている。絶望の宗教だ。そのような趣旨だったと思います。わたしは洗礼を受けた頃だったので、この記事にショックを受けたことを覚えています。

そこには復活もペンテコステもない、矮小化《わいしょうか》されたキリスト教理解しかないなと思います。

②この叫びの言葉は詩編22編1節の言葉で、詩編22編全体は神への信頼と神讃美が中心であり、1節を読むことで詩編22編の内容全体を現された。すなわち、最後まで父なる神に忠実であり従順であられた。たとえば、詩編23篇の一節「主は羊飼い、わたしは何も欠けることがない」と口すさむだけで、2節以下が連想され続きます。「主はわたしを青草の原に休ませ、憩いの水のほとりに伴い、魂を生き返らせてくださる。」そして23編全体の精神と信仰に満たされるのです。マタイ5章の「心の貧しい人たちは幸いである」、そう言うだけで山上の説教の全部を想起するのと同じです。

今、「わが神、わが神、なぜわたしをお見捨てになったのですか」、そう叫ばれることによって、詩編22編全体を思い浮かべ、神の恵みを感謝し、神を讃美するのです。

③その叫びによって、主イエスは一時的に神から見捨てられたのだ。あるいは、神が一瞬の間、目を離すことがあった。横を見ておられた。いや、御子の苦しみと痛みを正視され、神ご自身が痛みを覚えられていた。そういう解釈もあります。子どもの成長のために、親は時にこころを鬼にしなければならないことがあります。神の計画のために御子の痛みと苦しみが必要なのだ。そこに人間の救いがあったのだから。そして、主イエスはご自身の十字架の死を何度も予告されておられ、それが神のご計画であること、そのために世に来たことを覚悟されておられたのです。

④神の裁きを考えることもできます。神は御子を裁くことによって人間を赦された。御子の死は人間の救いのためである。主イエスは、神に裁かれた。呪いとなられた。申命記21章23節に「木に架けられた者は呪われている」

とありますが、主イエスは呪いとなられることによって、律法の呪いからわたしたち人間を解放し、贖われたのです。

ほかにもいろいろ考えられるのですが、だいたい教会の信仰はこの二と三と四にあります。しかし、どんなに当初からの計画であったとしても、神の子の死は、人間の理解を超えています。その苦しみと痛みを経験されることは、恐怖と苦しみだと思います。

3　十字架の死とその後の出来事

その尋常でない死によって、三つのことが起こります。第一に神殿の垂れ幕が裂けたこと、第二に地震が起こり、岩が裂けたこと、第三に墓が開いて、眠りについていた多くの人の体が生き返ったことです。これはイエスの復活の後に、墓から出てきて多くの人々に現れたとあります。主イエスの死によって、超自然の出来事が起こったのです。

神殿の垂れ幕とは、年に一度大祭司しか入れない至聖所の幕です。その幕を通って、大祭司は神と出会うのです。至聖所は、神と接見できるところです。ですから幕は、神と一般の人間を隔てた幕なのです。その幕が真二つに裂けたということは、すべての人に至聖所が開放されたことを意味します。すべての人が神に出会える。その象徴ですね。

まことにキリストの十字架によって、キリストは神とわたしたち人間の和解の道を開かれたのです。

4　信仰告白

この一連の出来事で、ある特筆すべき事件が起こります。これは劇的な出来事です。それはローマ兵たちによる信仰告白です。

54節──

百人隊長や一緒にイエスの見張りをしていた人たちは、地震やいろいろの出来事を見て、非常に恐れ、「本当に、この人は神の子だった」と言った。

今まで主イエスを侮辱し、馬鹿にし、人間の醜悪さのすべてをあらわしていた人たち。あたかも悪霊に取りつかれていたのが、主イエスの十字架の言葉と死、その後の出来事によって、解放された。そして、ことの真実が見えてきた。そのように考えられます。この恐れは、単なる恐怖とか裁きの怖さに縮こまったということではないと思います。十字架上で語られた主イエス・キリストの言葉と出来事によって、畏れを持った。聖なる方と聖なる出来事を目の当たりに見て、「この人は神の子である」と信仰の告白を行うのです。それは、自らの罪と悪の支配から解放された心の告白だと信じます。

オットー（Rudolf Otto, 1869～1937）が「聖なるもの」として＜ヌミノーゼ＞と名づけた神秘的なもの、戦慄すべき畏敬の念が迫ってくる。まさしく、神が迫ってくる体験ですね。その経験をローマ兵や十字架の周りにいた人たちは経験したのでしょう。ペトロが漁をしている時に、主イエスに見た畏れです。

これを見たシモン・ペトロは、イエスの足もとにひれ伏して、「主よ、わたしから離れてください。わたしは罪深い者なのです」と言った。（ルカ5章8節）

そして、わたしたちが十字架を見上げるとき、そして主イエスのお言葉を聞くときに、主イエスが神の子であり、永遠のいのちを与えられる方であることを確信するのです。そして、自らの罪と悪から解き放たれ、救いとまことの平安に満たされるのです。

マタイによる福音書の著者の意図は、ここにあります。主イエスの十字架を信じて見上げる者に、神の救いが与えられるのです。

死にて葬られ（マタイによる福音書27章57～66節）

１７９１年12月5日、オーストリアのウィーンにてモーツァルト（Wolfgang Amadeus Mozart, 1756～1791）は亡くなりました。35歳でした。12月7日にウィーン郊外のサンクト・マルクス墓地の共同墓穴に埋葬されました。しかし、当時の慣習か、誰も霊柩車に同行せず、墓碑もないため、実際に埋葬された位置は不明であります。妻のコンスタンツェ（Constanze Mozart, 1762～1842）も埋葬に立ち会っていないのです。

不世出の偉大な作曲家、神童と言われたモーツァルトの墓がないのです。18世紀のことです。カール・バルトという20世紀を代表する神学者は「天国ではモーツァルトの音楽が流れているだろう」と言ったとか。

個人的なことですが、今から30年前にソ連に行き、旧レニングラード、今のペテルスブルグにある墓地に行ったことがあります。そこには、ロシアの偉大な作曲家たちの墓が並んでいました。チャイコフスキー、ムソルグスキー、ボロディンなど。芸術家、作家たちの墓が並んでいます。その中に、ドストエフスキーの墓もありました。ひときわ大きくて、いくつかの花束が置かれていました。どういうわけか、五円玉が置かれていました。亡くなって１００年以上たっても、訪れる人は衰えることはありません。

本日の聖書は、主イエス・キリストが十字架で死なれ、墓に葬られた記事であります。ローマの反逆罪として十字架刑にあったのですが、反逆罪としての罪人の葬りは、普段はあらかじめ掘られた穴に投げ込まれ、土を被せられるだけだと言われます。あるいは、せいぜいよくても、共同墓地で、しかも犯罪人です。

目立つような墓ではないことは確かでしょう。モーツァルトのように、誰も埋葬に立ち会うこともなく、忘れられてしまう。

聖書は、そうではない。アリマタヤ出身のヨセフという金持ちが主イエスの遺体を引き取り、「きれいな亜麻布に包み、岩に掘った自分の新しい墓の中に納めた」というのです。

このアリマタヤのヨセフについて、他の福音書と比較しながら読んでいくと、興味を注がれます。

マルコ15章43節では――

アリマタヤ出身で身分の高い議員ヨセフが来て、勇気を出してピラトのところへ行き、イエスの遺体を渡してくれるようにと願い出た。この人も神の国を待ち望んでいたのである。

ルカ23章50〜51節では――

さて、ヨセフという議員がいたが、善良な正しい人で、同僚の決議や行動には同意しなかった。ユダヤ人の町アリマタヤの出身で、神の国を待ち望んでいたのである。

ヨハネ19章38〜39節――

その後、イエスの弟子でありながら、ユダヤ人たちを恐れて、そのことを隠していたアリマタヤ出身のヨセフが、イエスの遺体を取り降ろしたいと、ピラトに願い出た。ピラトが許したので、ヨセフは行って遺体を取り降ろした。そこへ、かつてある夜、イエスのもとに来たことのあるニコデモも、没薬と沈香を混ぜた物を百リトラばかり持って来た。

マルコでは、「勇気を出して」という言葉があります。犯罪人である主イエスの遺体を引き取るのは勇気がいったことでしょう。不利になる恐れもあるでしょう。あとで、何をされるか分からないのです。ある言い伝えでは、このことのゆえにヨセフは逮捕され、最高法院から追放されたとあります。

主イエスを葬った有力者がいたことは確かでしょう。弟子たちは、逃げ惑っていたのですから。その弟子たちに比べれば、ヨセフは確かに勇気の人でもありました。

弟子たちがいない状況でヨハネ福音書では、ニコデモも墓にいます。3章にある夜、主イエスのもとを訪れ、新しく生まれることを言われた人物です。

本日の聖書でメッセージを受け取るとすれば、二つのことが言えるでしょう。第一は、主は確実に死なれ、そして葬られたということです。

1　埋葬

わたちたちが毎週礼拝で共に唱え、告白する使徒信条に「ポンテオ・ピラトのもとに苦しみを受け、十字架につけられ、死にて葬られ」とあります。主は、葬られたのです。埋葬された。主イエスは金曜日に朝9時頃に十字架につけられ、三時頃に亡くなったとあります。その間、苦しみと痛みを味合われたことでしょう。手と足には釘を打たれ、十字架から落ちるのを釘が支えていたのです。そして、わき腹に槍を刺されました。

亡くなって、アリマタヤのヨセフが遺体を引き取りたいと勇気を出してピラトに申し出ると、もう死んでしまったのかとピラトが不思議に思った、とマルコ15章に記されています。十字架刑は、長いときには釘を打ち付けられ、釘の支えで十字架から落ちるのをとめた。その時の痛みはとうてい耐え難いといわれます。そして、2、3日かけて死ぬ。そのような残酷な刑、これが十字架刑なのです。

ピラトが不思議に思ったのは、もう死んだのかという思いです。それで、「百人隊長を呼び寄せ、すでに死んだかどうかを尋ねた」とあります。「そして、百人隊長に確かめたうえ、遺体をヨセフに下げ渡したのです」。

こうして、ヨセフはきれいな亜麻布でくるみ、主イエスの遺体を自分の墓に葬ったのです。そこには、「マグダラのマリアともう一人のマリアとはそこに残り、墓の方を向いて座っていた」とあります。

このヨセフと二人のマリアが埋葬の証人となったのであります。主イエスは死んで、埋葬された。これが事実である。そう聖書は、宣言しています。そして、3日後に甦られた。これがキリスト教であります。

その裏には、本当は死んでいなかったのではないかという疑いを打ち消す証拠でもあります。そして、マタイ27章62節以降にあるように、弟子たちが死体を盗み出し、「イエスは死者の中から復活した」などと民衆に言いふらすかもしれないという祭司長たちとファリサイ派の人々の疑いもあったのです。

ヨーロッパには、キリストの十字架や死、埋葬に関する幾多の偉大な画家たちの絵画があります。聖書を題材にした数え切れない絵画が残されています。その中でも、ハンス・ホルバインが描いた『墓に眠るキリストの遺体』一五二一年作は、わたしたち現代の信仰者にとってまともに見れない絵ではないかと思われます。幅30センチ、長さ2メートルの板に油彩の絵です。

ドストエフスキーに『白痴』という小説があります。その中にある登場人物をして語らせる場面があります。それがこのホルバインの『墓に眠るキリストの遺体』という絵画についてのドストエフスキーの感想です。その中で、こう語るのです。この絵を見ていると、どんなに篤い信仰を持っている者でも、信仰を失くすのではないか。それほどまでに、キリストの死は、現実でありその死体は醜い。

キリストの死は、現実であり、悲惨であります。しかし、その死をもって、わたしたちが生かされる。これは真実なのであります。そこにキリスト教があります、

2　キリストの証人

福音書は、主イエスの行かれるところ、主イエスと出会い、新しく生まれ変わる人が起こされます。最後の最後においても、キリストの信じる者、キリストの証人が起こされる。聖書はそう語っています。十字架の上においても、二人の犯罪人が左右におり、その一人がイエスを信じます。

ルカ23章39～43節――

十字架にかけられていた犯罪人の一人が、イエスをののしった。「お前はメシアではないか。自分自身と我々を救ってみろ。」すると、もう一人の方がたしなめた。「お前は神をも恐れないのか、同じ刑罰を受けているのに。我々は、自分のやったことの報いを受けているのだから、当然だ。しかし、この方は何も悪いことをしていない。」そして、「イエスよ、あなたの御国においでになるときには、わたしを思い出してください」と言った。するとイエスは、「はっきり言っておくが、あなたは今日わたしと一緒に楽園にいる」と言われた。

そして、死の時にも、十字架のそばに見守っていたローマ兵たちがイエスを信じたのです。

マタイ27章54節――

百人隊長や一緒にイエスの見張りをしていた人たちは、地震やいろいろの出来事を見て、非常に恐れ、「本当に、この人は神の子だった」と言った。

墓に葬られる時においても、イエスを告白する者がいる。これが聖書のメッセージです。アリマタヤのヨセフ、ニコデモ。マグダラのマリア、ヨセの母マリア。この人たちが復活の証人となるのです。どんな厳しい条件でも、境遇にあっても、キリストの十字架と留まり、墓に留まり、見守る。その時、起こることがある。それはキリストの復活の目撃者、証人となれることです。

地から湧くように、イエスを信じ、弟子となる人が起こされる。教会はその望みをもって、歩んできました。わたしたちもその歩みに連なりましょう。

復活

（マタイによる福音書28章1〜10節）

今日はイースター、主イエス・キリストの復活された日です。主の御名を讃美いたします。ハレルヤ！

今日、はじめて教会に来られた方が多くいらっしゃいます。アジア学院の研修生の皆さん。西那須野幼稚園の新任の先生。そして、はじめて大学入学や旅行で那須塩原の地に来られた方々。心から歓迎いたします。とくに、アジア学院の研修生の皆さんにとって日本はどのような国でしょうか。いわゆる先進国で高層ビルが建ち並び、都会的である。しかし残念ながらというか、ここ西那須野は都会ではありません。高層ビルは全然ありません。カントリー（田舎）です。でも、この地が皆さんにとって、また皆さんを派遣された共同体（コミュニティー）や教会、家族にとって必要な地であります。卒業までの9か月間、神を礼拝し、よき研修の時が与えられるようにお祈りいたします。わたしたち西那須野教会は皆さんを心から歓迎します。共に神を礼拝し、皆さんと主にある交わりが与えられるように期待いたします。

日本は相対的に豊かな国でありますが、一人ひとりのこころは貧しいものがあります。マザー・テレサはかつて来日した時に、こう言いました。「日本人は経済的に富を持っているが、心は貧しく、愛に飢えている。一番、神の愛を必要としている」

日本の教会は、小さく、そして貧しいのです。日本のクリスチャンは日本人全体の1パーセント未満です。仏教や神道などの伝統と慣習が根強く、キリスト教に改宗する人は本当に少ないのです。

本日の聖書をもう一度見ましょう。

主イエス・キリストは十字架につけられ、死にて墓に葬られました。その墓には、マグダラのマリアともう一人のマリアが残って、墓の方を向いて座っていたと27章61節にあります。夜になって、家に帰ったでありましょう。28章に参りまして、この二人が翌朝、墓を見に行きました。マルコによる福音書16章1節では、イエス様の遺体に油を塗りに行くために香料を買い、「週の初めの日の朝ごく早く、日が出るとすぐ墓に行った」とあります。

人が亡くなった時、からだをきれいにします。普通、家族がからだを清めます。病院なら看護婦さんがからだを拭き、きれいにしてくれます。イエス様の遺体はどうだったでしょう。鞭打たれ、いばらの冠を被せられて、頭から血が流れていました。頭に茨の傷痕、からだは鞭で打たれた傷痕、手と足には、十字架につけられたときの釘あと、脇腹はやりで刺された痕と傷痕がいっぱいです。その傷を洗い、からだを清めようとマリアたちが香料を持って、墓に向かったのです。しかし、墓はどうだったでしょうか。

1　空虚な墓

2節――

ルカによる福音書24章1～6節ではこのように記されています。

そして、週の初めの日の明け方早く、準備しておいた香料を持って墓に行った。見ると、石が墓のわきに転がしてあり、中に入っても、主イエスの遺体が見当たらなかった。そのため途方に暮れていると、輝く衣を着た二人の人がそばに現れた。婦人たちが恐れて地に顔を伏せると、二人は言った。「なぜ、生きておられる方を死者の中に捜すのか。あの方は、ここにはおられない。復活なさったのだ。」

イエスの遺体が置いてあったところには、イエスはいません。墓はからっぽなのです。

2　主の復活

なぜ、墓はからっぽなのか。主の遺体がなくなったからなのです。どういうこと？原因は二つ考えられます。その一つは、誰かが遺体を持っていった。

当時のユダヤ社会は、それを主張しました。27章64節、28章11節以下です。主イエスを十字架につけたのは、最高法院の議員、祭司、律法学者、ファリサイ派の人たちでした。彼らはユダヤ社会の指導者たちです。自分たちの既得権、権威を守ることに汲々としていました。新しい風、変わることを頑固に拒んでいました。主イエスは、彼らを批判されます。

律法学者たちやファリサイ派の人々は、モーセの座に着いている。（マタイ23・2）

彼らは背負いきれない重荷をまとめ、人の肩に載せるが、自分ではそれを動かすために、指一本貸そうともしない。（4節）

律法学者たちとファリサイ派の人々、あなたたち偽善者は不幸だ。人々の前で天の国を閉ざすからだ。自分が入らないばかりか、入ろうとする人をも入らせない。（13節）

律法学者たちとファリサイ派の人々、あなたたち偽善者は不幸だ。改宗者を一人つくろうとして、海と陸を巡り歩くが、改宗者ができると、自分より倍も悪い地獄の子にしてしまうからだ。（15節）

彼らは、主イエスの復活は都合が悪いのです。

遺体がなくなった原因の第二は、主が甦られたからです。28章9〜10節——

するとイエスが行く手に立っていて、「おはよう」と言われたので、婦人たちは近寄り、イエスの足を抱き、その前にひれ伏した。イエスは言われた。「恐れることはない。行って、わたしの兄弟たちにガリラヤへ行くように言いなさい。そこでわたしに会うことになる。」

教会は、その創設のはじめからキリストへの不信仰、悪意、拒否を露にしているユダヤ社会、そしてローマの社会に対して、チャレンジをしました。固定化した権威社会、律法によってがんじがらめにされた民衆、ローマの軍事力によって支配されていました。人々は希望を失い、生きていく理想もなく、まさしく刹那的・退廃的な生き方を選び、社会は道徳が腐敗し、人の道が失われていました。人を生かす教えが形骸化し、人を押し潰し、いのちを奪うことになったのです。

しかし、キリストの十字架と復活は、その時代と社会に新しい風、光、いのちを吹き込みました。そこには、神の愛と恵みに生きる信仰、神に従うという清さ、自己を無にして、神と教会、社会のために生きる。光を投げかける献身がありました。そこには、真実があり、率直で、機知に富み、輝き、生きる喜びがあります。愛と恵みに感謝し、いのちが輝き、いのちがあふれるのです。イエス・キリストの生き方がまさしくその通りでした。そして、キリストを信じ、従うとき、わたしたちもそのいのちに預かれるのです。

その原動力こそが、復活にあったのです。

先週、九州の福岡で事件が起こりました。テレビの報道でも新聞でも記事がありました。大牟田の民家で白骨化した死体が5体発見されたのです。一部はミイラ化していたとのことです。

一家は祈祷師であったとのことです。何かの宗教を信じていたのですね。死んだ母親は、生前自分は死んでも甦ると公言していたとのことです。ですから、次々家族が死んでも、必ず甦ると信じて、待っていた。それで時々消毒したり、臭いを消しに掃除に来ていたとのことです。

これを読んで、大部分の日本人は「馬鹿げているなあ。宗教はだからいやなんだ」。そう感じたかもしれません。わたしたちクリスチャンも、「馬鹿だなあ、甦るはずがあるわけがない」。そう、思ったことでしょう。終わりの日の甦りのことは知っている。信じている。しかし、今の甦りはそうではない。これがわたしたちの信仰です。

イエス様の復活とどうかかわりがあるだろうと思いました。

何が違うのか。それは復活の証人、目撃者がいるということです。大牟田の事件は、親の死を隠して、年金をもらっていた。動機が不純ですね。誤魔化しです。キリスト教は、誤魔化さない、反社会的な行動、活動をしない。正義と平等、愛によって行動する。恐れた人たちが勇気を持ち、大胆に証し始めた。聖霊を受け、新しくされ、福音を宣べ伝えはじめたのです。こうして、キリスト教が起こり、教会が誕生したのです。わたしたちは、復活の証人として用いられる。

イエス・キリストが十字架につけられたことはクリスチャンでなくても誰でも知っています。そのイエス・キリストが十字架で死に、墓に葬られましたが、三日目に甦られたことに関して、知っている人は少ないのです。そして知っていることと、信じることとは違います。

わたしたちは、多くの知識をもっています。小さい時から、沢山の知識を詰め込み、蓄えています。しかし、その知識は生き方を変える力はありません。

信仰は力なのです。信じる人の生き方を根本から変える力なのです。わたしたちもこの力を受けて、進んで行きたいと思います。

派遣の言葉（マタイによる福音書28章11〜20節）

２００３年10月5日にマタイによる福音書の連続講解説教を始めました。本日、マタイによる福音書の28章、最後の章に参りました。共に、大切な公同の礼拝の場で、神の言葉として聴いてきました。わたしは、準備するときもそうでしたが、神の臨在を覚え、そこに主がおられ、励まされることを信じて、説教しました。

二人または三人がわたしの名によって集まるところには、わたしもその中にいるのである。（マタイ18・20）

とあるように、主イエス・キリストがわたしたちと共におられる。一週の生活の中でのいろいろなストレスによる重荷、ぎすぎすした人間関係、夫婦・親子の家庭環境、病、試練、痛み、苦しみ。いろいろな問題を抱えて、わたしたちは礼拝に来るのです。もちろん、喜びや感謝なこと、嬉しかったこと。神の恵みと祝福を感謝することも多々あります。よいことも状況が悪いと思うことも含めて、神の前に出て、祈り、讃美し、神の言葉を聴き、礼拝を献げることは大切なことです。

その中心に主イエス・キリストがおられる。わたしたちが毎日曜日に教会に来るのは、神を礼拝するためです。神の言葉を聴き、明日からの一週間、神の力、キリストの恵みと贖われていることを感謝し、聖霊の新しい注ぎを受けて、旅立とうとするからです。

さて、聖書のみ言葉に聴きましょう。

主イエス・キリストは復活されました。十字架の死、埋葬でもって、聖書は終わらないのです。もし、復活がなければ、キリスト教はないでしょう。そして、わたしたちの信仰も人生も虚しいものとなります。人に感化を与えるよい話（物語）として聖書は読まれ、主イエスは偉大で、立派な人間だったとして評価されるでしょう。しかし、過去の人であり、死んでしまった人であります。

しかし、聖書は十字架の死でもって終わらないのです。復活された。これが聖書です。そして、今もわたしたちとともにおられる。

16～17節をもう一度お読みします。

さて、十一人の弟子たちはガリラヤに行き、イエスが指示しておかれた山に登った。

そして、イエスに会い、ひれ伏した。しかし、疑う者もいた。


この「イエスが指示しておかれた山」とは、あの山上の説教をされた山ではないかと言われます。あるいは、ペトロを代表とする弟子たちの信仰告白のあと、17章で主イエスは弟子を伴われて高い山に登られます。そこにモーセとエリヤが現れ、きたるべき十字架について話しをする場面があります。イエスの顔は太陽のように輝き、服は光のように白くなった、とあります。そして、光り輝く雲が覆い、「これはわたしの愛する子、わたしの心に適う者、これに聞け」という声が雲の中からする。そういう体験をした山です。

マタイによる福音書にとって、「山」とは、特別な意味があります。それは神との出会いの場であります。神と触れ合うところ、聖なる体験をするところです。

今、復活された主イエスは、ガリラヤの山で弟子たちにご自身を現されます。弟子たちは、主イエスに会い、ひれ伏すのです。そこには、弟子たちの言葉はありません。聖なる体験をすると、言葉を失うでしょう。沈黙して、ただひれ伏し、拝するだけです。

主イエスだけが弟子たちに語られます。

イエスは、近寄って来て言われた。「わたしは天と地の一切の権能を授かっている。だから、あなたがたは行って、すべての民をわたしの弟子にしなさい。彼らに父と子と聖霊の名によって洗礼を授け、あなたがたに命じておいたことをすべて守るように教えなさい。わたしは世の終わりまで、いつもあなたがたと共にいる。」（18～20節）

主の言葉には、四つの意味があります。第一番目に、主の権威です。使徒信条で告白するように、「十字架につけられ、死にて葬られ、陰府にくだり、三日目に死人のうちよりよみがへり、天に昇り、全能の父なる神の右に座してておられるのです。文字通り、イエスはわたしたちの主となられたのです。救い主、癒し主、王の王たる権能をもってすべてを統治し、支配されておられる。その支配はこの世の力や武力ではなく、愛と寛容であります。

第二は、「すべての民を弟子としなさい」です。キリストの弟子です。それは、キリストが生きたように、わたしたちも生きる。生活面において、生きる。それもまた、力や武力による生き方ではなく、神が人となられた、その謙虚さに生きる。謙遜に生きる。弱っている人、貧しい人たち、苦しんでいる人たちの友となって生きる。愛の人として生きなさいということです。すべての民は、わたしたち日本人もそうです。アジア学院、昨日入学式が行われ、研修生25名、研究科生二名が入学しました。インド、フィリピン、インドネシア、ミャンマー、スリランカ、バングラデシュ、ネパール、ラオスなどアジア諸国、ガーナ、カメルーン、タンザニア、マダガスカルなどアフリカ、アメリカ人、ヨーロッパの人たち、すべての人がキリストの弟子となって、互いに愛し合い、仲良くする。わたしたちは、すべてキリストの弟子なのです。

第三は、「父と子と聖霊の名によって洗礼を授け、あなたがたに命じておいたことをすべて守るように教えなさい」という言葉です。

キリストの弟子は洗礼を受けて、キリストの命令を守ることです。洗礼は、新しく生まれる、生まれ変わることを意味します。旧い自分が死に、新しいキリストの衣を着て生きるのです。そこにも、謙虚さと愛によって生きることを意味します。憎しみ、恨み、拒否、驕り、傲慢、恐怖で生きていた者が、新しく生まれ変わる。憎しみが愛に、恨みが赦しに、拒否が受容に、驕りが謙遜に、傲慢が謙虚さに、恐怖が喜びに変わる。

新しい生き方、価値観をもって生きるのです。そこにキリストの弟子としての特性があります。

第四は、「わたしは世の終わりまで、いつもあなたがたと共にいる」との約束です。はじめにも申しましたように、

二人または三人がわたしの名によって集まるところには、わたしもその中にいるのである。（マタイ18・20）

そのように、主イエス・キリストは仰られます。ここに、この礼拝の場に、キリストはおられるのです。家庭にも、職場にも、旅行に出るときも、キリストは共におられます。わたしたちは、そのように考え、生きているでしょうか。来週は、教会総会です。今も生きて働かれる主イエス・キリストの臨在を覚え、会議に臨みましょう。そして、一年の歩みを感謝し、反省すべきところは反省し、すべてを神に委ねて、これからの一年の歩みのために祈り、会議を進めましょう。

7年前にアメリカ合衆国に行ったことがあります。日本に40年、その内岩手に20年間宣教師として奉仕されたラーマズご夫妻と共に、二週間アメリカ国内を案内していただきました。ラーマズご夫妻は、アジア学院にもおられたことがあります。

彼らは、マーティン・ルーサー・キング牧師（Martin Luther King, Jr., 1929～1968）の記念館に、私たち日本からの一行（といっても五人でしたが）を案内してくれました。ルーサー・キング牧師は、ご存知のように黒人差別と公民権運動のために働いた人です。その記念館でこのような話しを聞きました。

アメリカ北部でビジネスマンとして成功した一人の黒人が南部に旅行に出かけました。ジョンさんとしておきましょう。

ジョンさんは、日曜日、礼拝に出ようとホテルから一番近い教会を見つけ入ろうとしました。大きく立派な教会です。教会の尖塔が高く、ゴシック式の堂々とした建物でした。街でも歴史が旧い由緒ある教会のようでした。喜びをもって入ろうとしたところ、玄関にいた男の人が話しかけました。立派な身なりで、温和な紳士風の人でした。

「何か御用ですか?」そう紳士は尋ねました。

「ええ、礼拝に来たのですが……。旅の途中の者でして……」そうジョンは答えました。紳士は、ジョンを頭からつま先までじろじろ見回しました。旅行中とはいえ、ジョンは成功したビジネスマンらしく、きちんとした服装です。しかし、件の紳士はそっけなく言い放ったのです。

「この教会はあなたの来るところではありません。あなた方の行く教会はあちらです。」

そして、教会の向こうにある建物を指しました。それは薄汚れて、古びた建物の教会でした。よく見ると、ジョンが入ろうとした教会には、着飾った白人たちが次々と入っていくのです。向こうの教会は、貧しいみなりの黒人が入っていくのです。白人と黒人の教会が別々にあり、白人の教会には黒人は入れないのです。

ジョンは憤りながら、こう呟いたとのことです。

「この教会には、イエス様はいない。」

形は立派で、多くの会衆、大きな礼拝堂があっても、本当の礼拝がなされているだろうか。イエス様がおられるだろうか。それが一番大切なことではないでしょうか。

わたしたちの教会、西那須野教会は世界中の人たちが今集って礼拝しています。讃美が、祈りが真に神に献げられ、霊とまことの礼拝が行われるように努めましょう。

あとがき

この説教集は２００３年4月より２００９年3月までの6年間在任しました西那須野教会での礼拝説教です。２０１４年1月に上巻が上梓されました。上巻を読まれた方々から下巻はいつごろ出るのかと問い合わせをいただいたことがありました。大変励まされました。

畏友であり、伝道者・牧師としての大先輩である深谷春男先生より上巻の書評をお願いしたところ、身に余る書評をお書きいただきました。〈文学的書評〉というのでしょうか、深谷先生の書評を読んだ人は、手に取って読みたくなる表現だと感激いたします。今回の下巻に再掲していただきました。

この4月から志木教会（埼玉）から仙台青葉荘教会に転任しました。祈り、支えてくださった志木教会に感謝します。また、新任地の仙台青葉荘教会において、その招聘に応えるべく献身生涯の初心に帰り、主の栄光を拝したいと願っています。

また、西那須野教会、アジア学院の交わりにある兄弟姉妹からも励ましのお便りをいただきました。感謝いたします。

説教集下巻刊行にあたって、多くの人たちの祈りと支えを覚えます。とくに、ヨベル社社長の安田正人氏には今回も大変お世話になりました。とくに、埼玉から現任地の仙台に引っ越すに際しても、お世話になりました。ここに感謝を申し上げます。また、姉や山根先生（京都）には愛と祈りで励まされました。また、妻の純子と娘の小羊子に改めて感謝を表したいと思います。家族の支えがあってこその牧会であり、牧師としての務めでもあります。いつも背後から祈り、支えてくれました。

この説教集が日本の教会の伝道の進展に少しでも寄与できればと、祈っております。

2014年8月

潮　義男

潮　義男（うしお・よしお）
1949年福岡県に生まれる。
早稲田大学（中退）、東京聖書学校卒業。
日本基督教団舘坂橋教会、キリスト教センター善隣館（館長）、西那須野教会、志木教会を経て、現在、仙台青葉荘教会牧師。東京聖書学校教授。

主な著書：『神の家族』（キリスト教センター善隣館、1986年）、
『天国の鍵』（岩手日報社・北の文学、2001年）、
『神の国の奥義　上』（ヨベル、2014年）

神の国の奥義　下　説教 マタイによる福音書15章～28章

2014年9月1日 初版発行

著　者 ── 潮　義男
発行者 ── 安田正人
発行所 ── 株式会社ヨベル　YOBEL、Inc.
〒113-0033 東京都文京区本郷4-1-1　菊花ビル5F
TEL03-3818-4851　FAX03-3818-4858
e-mail：info@yobel. co. jp

DTP・印刷 ── 株式会社ヨベル

定価は表紙に表示してあります。
本書の無断複写（コピー）は著作権法上での例外を除き、禁じられています。
落丁本・乱丁本は小社宛にお送りください。
送料小社負担にてお取り替えいたします。

配給元―日本キリスト教書販売株式会社（日キ販）
〒162 - 0814　東京都新宿区新小川町9 -1
振替 00130-3-60976　Tel 03-3260-5670
©Yoshio Ushio 2014, Printed in Japan　ISBN978-4-907486-08-2

聖書本文は聖書 新共同訳（日本聖書協会）を使用しています。

【書評再録】神の国の奥義への誘いとなって心に深く迫る書！

潮　義男著　神の国の奥義　上――説教マタイによる福音書1章〜14章

深谷春男

「寄せ来たる潮の流れに巻き込まれ深海の水草頭に絡まる」

主にある親しい友人、潮義男牧師がマタイによる福音書の講解説教集を刊行された。出版を前に今度、説教集を出しますと予告をされていたが、実際に潮師から贈呈されるとその装丁に感銘を受けた。グレーの色調に茶色のモノトーンに近いフラ・アンジェリコの「山上の垂訓」の図柄が霊的な恵みの世界を物語っていた。書店に並んでいるなら思わず手に取ってみたくなるような素敵なデザインだ。中をめくってみるとマタイによる福音書の中の1章から14章に至る58の説教が並んでいる。３１６ページ。なかなかの大作だ。

書評を依頼されたこともあって、数時間かけて一気に読んだ。わたしも日本基督教団の牧師の一人として毎週講壇に立ち、説教を語る。主として講解説教をする。その働きを、もう36年間もしてきたことになる。一つ一つ読んでみると、自分とは異質なものを感じたり、非常に近いものを感じたりした。わたしはこのように語ったが、潮師はこのように語るか。「なるほど……」と感心したり、「いやここはこのような主題の方がいいのに……」と自分の釈義や説教を参考にしながら読み進んだ。時にはライバル意識と競争心（？）をもって読まざるを得ないのは説教者の宿命であろうか。

そもそもこの説教集は、著者が西那須野教会の牧師時代（２００３年～２００７年）の公同礼拝で語られた説教で、近くにあったアジア学院の留学生も集う関係で、英語の同時通訳者（常時５、６名交代で奉仕された）のために、説教の完全原稿を土曜日の午前中にはメールで送付する必要があり、それがそのまま、この説教集へと結晶したということだ。それゆえであろうか、アジア各地から来られた方々への配慮もあって、西那須野教会に集う日本人と外国人のための合作のような趣が至る所にある。潮師にとっては「すばらしい体験」「宝のようなもの」であると記されてあるが、なるほど、それで納得がいった。

この説教集はマタイによる福音書の講解であるが、語られる内容は多岐にわたり、自由に語られる。日本文化のこと、例えば秋田西馬内盆踊りのこと、現代日本のカルト宗教のこと、日本の精神的状況へのカウンセリングの有効なること、日本基督教団の戦争責任告白への言及、日本の家族を巡る状況や非行少女の悲しみ、日本の政治、戦時中のホーリネス弾圧のこと、ミッシオとレミッシオ（寛解）理解、ドストエフスキーの文学から芥川龍之介の小説への言及、さらには夫婦げんかのこと、（教会員が訪問すると牧師家庭としてのにこやかな雰囲気に変わるので、誰か来ないかな、と待ちわびた、という文章には思わず笑ってしまった）。また、尊敬する島 隆三先生、小出 忍先生、また、神学生の時に北森嘉蔵先生のエピソードが出てきて、祈り導いてくださった先生方の懐かしい口調まで耳元で響いてくるようだった。特に62歳で召された義兄である西海静雄先生の闘病の様子や祈りの記事など、感無量だった。まさに、「寄せ来る潮の流れに流されて」、深夜の書斎で一人静まって読み進むうちに、大きな魚のお腹のうちヨナが告白したような「深海の海草が頭に絡まりつく」ような経験をした。バビロン捕囚の経験をして神への信仰が深められ、苦難を通して深く深く掘り下げられ練られた神の民の信仰が、イザヤ書53章の苦難の僕の代贖をもってその頂点に達すように、潮師の体験した一つ一つの出来事が、神の国の奥義への誘いとなって心に深く迫ってきた。

彼は不思議な人物で、高校生の時に独学でピアノを覚え、1年間でベートーベンのピアノソナタ32番を弾けるようになり、高校生時代はピアノとドストエフスキー三昧の生活。ドストエフスキーを学びたくて早稲田大学ロシア文学に入ったが、学生運動たけなわで授業もなく、ひたすらクラッシック喫茶でニーチェばかり読んでいて、大学中退という。その彼が、真っ暗闇のただ中で、神の福音を聞き、ついに主イエスに捕らえられ、伝道者になった。

ただ、上巻にはまだニーチェは出てこない。下巻の主の十字架復活がどのように描かれるのか楽しみである。

天国の秘儀伝えんとの説教を聞く口元の髭に笑みのこぼれて

（ふかや・はるお＝東京聖書学校吉川教会牧師）